GUIDE DE
L'ÉDUCATION BILINGUE

ÉDITION
New York
43 établissements visités

French Morning Editions

Sommaire

1ère partie :
Le bilinguisme, comment ça marche ?   4
   Dix mythes sur le bilinguisme   6

Chapitre 1 : Le bilinguisme, comment ça marche dans la tête ?   9
Voyage dans le cerveau bilingue   **10**
   Langue et cerveau : comment ca marche   13
   Les bilingues sont-ils plus intelligents ?   14
   Qu'est-ce qu'un vrai bilingue ?   17
   Va-t-il parler plus tard ?   19
   Le contrôle exécutif comment ça marche ?   21
   Un enfant peut-il oublier sa langue maternelle ?   23

Chapitre 2 : Le bilinguisme, comment ça marche dans la famille ?   25
Stratégies de familles   **26**
   La méthode OPOL (One Parent One Langage)   29
   La méthode MILAH (Minority langage at home)   30

Comment choisir ? La règle des 25 heures	32
Mon enfant va-t-il mélanger les langues ?	35
À chacun sa « French Nanny »	**38**

Chapitre 3: Le bilinguisme comment ça marche à l'école ?   41

Education bilingue : y-a-t-il un modèle idéal ?   **42**

La théorie des seuils   44

Le jargon de l'éducation bilingue aux Etats-Unis   46

Les élèves des programmes bilingues sont-ils meilleurs à l'école que les autres ?   47

Les enfants bilingues sont-ils davantage prédisposés aux troubles du langage ?   52

Les bilingues apprennent-ils plus facilement d'autres langues ?   55

Le micmac des bacs   56

J'ai lancé mon programme bilingue   **58**

Technologies du bilinguisme   61

Quand il faut faire sans l'école   **62**

Enseignement français à distance   65

Chapitre 4: Le bilinguisme, comment ça marche dans la vie ?   67

Les enfants bilingues, plus sociables mais plus seuls ?   **68**

Le bilinguisme paie-t-il ?   71

Des ressources sur les global nomads   73

Quinze signes qui montrent que votre enfant est un TCK   74

Bilingue à tout âge   **78**

Pourquoi les Français ont-ils du mal avec l'anglais ?   81

10 principes pour apprendre en 6 mois   82

Bilinguisme et cinéma   86

2ème partie :
Guide des établissements new-yorkais   88

Les écoles publiques à programme bilingue	90
Les écoles privées homologuées	114
Les écoles privées non homologuées	142
Après l'école	169

1ère partie

Le bilinguisme, comment ça marche?

GUIDE DE L'ÉDUCATION BILINGUE

La magie du bilinguisme

Tout « expat » en a fait l'expérience: de passage au pays, tôt ou tard, vient l'exclamation des amis : « quelle chance, vos enfants vont être bilingues »... Le bilinguisme impressionne, le bilinguisme des jeunes enfants plus encore, toujours vu avec un mélange de fascination et d'envie, comme si avoir des enfants bilingues était une sorte de don du ciel...

Les avantages du bilinguisme sont nombreux. Evidents pour certains (aisance à communiquer dans le monde, meilleure intégration sur le marché du travail...), moins connus souvent, comme le développement de certaines capacités cognitives. Si l'éducation bilingue fait encore débat notamment aux Etats-Unis, sur fond de polémique su l'immigration, les bénéfices individuels du multilinguisme ne sont plus contestés par personne (cela n'a pas toujours été le cas). Mais élever un enfant bilingue, qu'on le soit même ou pas, demeure un défi.

Quelle que soit la circonstance, ou la volonté, qui les a conduit à élever des enfants dans le bilinguisme, tout parent sait que c'est aussi un combat, une source de questions et parfois d'angoisses.

C'est pour y répondre que French Morning a décidé de publier ce guide. A vocation pratique avant tout, il ne prétend pas donner toutes les réponses ni faire le tour de la très abondante littérature scientifique sur le sujet. Mais conçu et réalisé par des Français qui, vivant aux Etats-Unis, vivent aussi en deux langues -au moins-, il entend aider les parents à entrer dans le monde fascinant du bilinguisme...

A Savoir

Dix mythes sur le bilinguisme

« Tu penses en anglais ou en français ? » Les clichés sur les bilingues ont la peau dure. Les mythes liés à la pratique d'une deuxième ou troisième langue masquent souvent une incompréhension, parfois doublée d'une peur véhiculée par des messages d'alerte des médecins et autres spécialistes. Ce guide a notamment pour ambition de vous aider à dépasser ces peurs. Voici donc une liste de 10 de ces mythes et les pages où vous trouverez les réponses plus détaillées.

1. « C'est rare d'être bilingue ».

Pas du tout ! 50% de la population mondiale est bilingue. Dont 50 millions aux États-Unis.

2. « Les enfants bilingues réussissent moins bien à l'école »

Au contraire, des études montrent que le bilinguisme développe certaines facultés cognitives, et améliore les performances, notamment en mathématiques. Pour Brenda Gorman, orthophoniste et professeure à Elmhurst College (Illinois), les enfants bilingues subissent beaucoup de pression. On a tendance à faire passer leurs erreurs pour un manque d'intelligence, alors que cela fait partie de l'apprentissage. Ses recherches ont notamment prouvé qu'apprendre deux langues n'engendrait aucun déficit chez l'enfant. (Voir p. 54).

4. « Il est impossible d'être aussi à l'aise dans deux langues »

C'est possible, mais il n'y a pas de règle ! Même si certains ont une langue dominante ou ne savent pas écrire dans une de leurs langues, la plupart des bilingues expriment leurs émotions ou pensent dans deux langues. François Grosjean, spécialiste de la question et professeur émérite à l'université de Neuchâtel en Suisse, ajoute qu'il y a autant de diversité chez les personnes bilingues que chez les monolingues. (Voir p.19).

À Savoir

5. « Les bilingues sont forcément biculturels »

Pour le spécialiste François Grosjean, la plupart le sont, mais ce n'est pas une condition sine qua non. On peut être bilingue sans être biculturel tout comme monolingue et biculturel (les Anglais qui vivent aux Etats-Unis, par exemple).

6. « Les enfants bilingues mélangent les deux langues et finissent par ne plus maîtriser aucune des deux »

Le mélange est non seulement transitoire mais aussi nécessaire à l'apprentissage. (Voir p. 39).

7. « Il est impossible de devenir bilingue après l'enfance »

Plus on commence tôt, mieux c'est.. Cela ne veut pas dire que les adolescents et adultes sont moins bons. Ce qui change : les mécanismes psycholinguistiques. (Voir p. 87).

8. « Les bilingues sont des traducteurs nés »

C'est mal connaître le métier de traducteur ! En réalité, les bilingues ont des difficultés à traduire s'il s'agit d'un domaine précis. Et souvent, les bilingues se voient rétorquer un « mais je croyais que tu étais bilingue ! » pas vraiment agréable. (Voir p. 19)

9. « Les bilingues ont une double personnalité »

Comme les personnes monolingues, les bilingues s'adaptent simplement à la situation ou aux gens qu'ils rencontrent.

10. « Les enfants bilingues ont un retard de langage »

Il s'agit d'une croyance très répandue. Mais il n'existe à ce jour aucune preuve que les enfants bilingues ont un retard de langage, bien que l'apprentissage soit plus laborieux. Comme le précise François Grosjean, ces derniers n'ont pas plus de troubles du langage que les enfants monolingues (p.21)

Chapitre 1

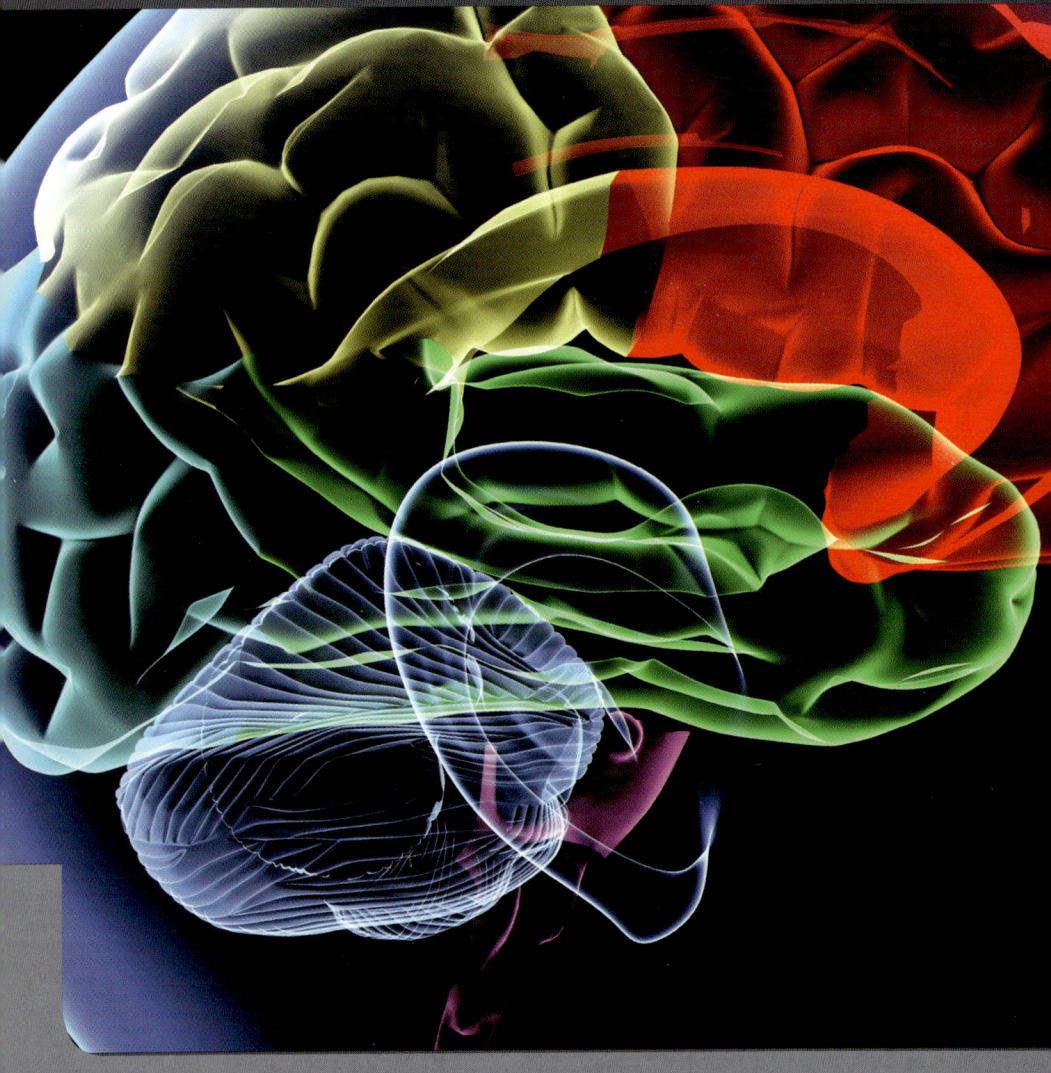

GUIDE DE L'ÉDUCATION BILINGUE

Le bilinguisme, comment ça marche dans la tête ?

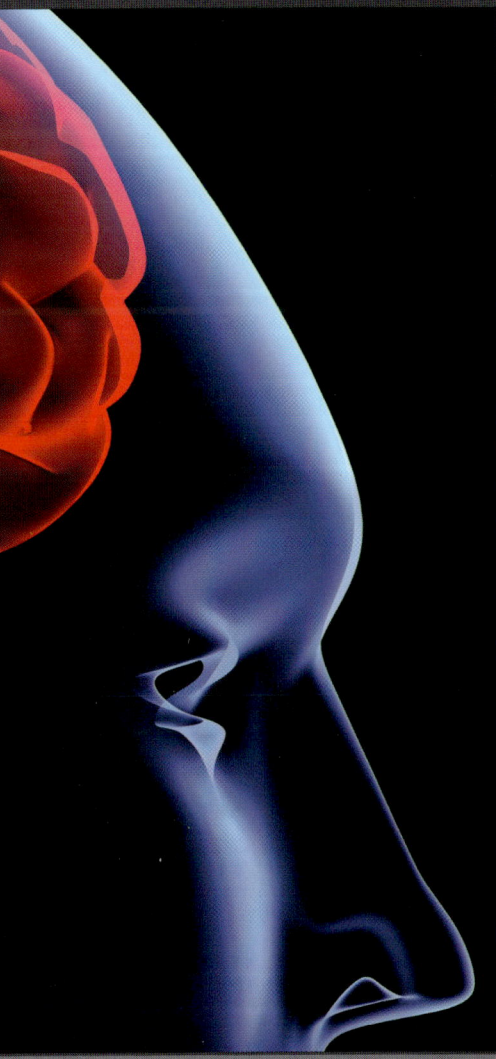

Pendant longtemps, notre petit cerveau a servi d'argument à tous ceux qui rejetaient le bilinguisme : demander à un enfant d'acquérir deux langues en même temps serait trop exiger de ses neurones… Professeur à Ottawa, Rainier Grutman raconte ainsi que lors d'une conférence sur le bilinguisme en 1928, l'opinion majoritaire des chercheurs était que le bilinguisme précoce avait un effet négatif sur le développement intellectuel de l'enfant !

Depuis, on a appris. Dès 1962, une étude scientifique montrait que le bilinguisme donnait plutôt des avantages, mais ce n'est que ces dernières années, grâce notamment aux progrès de l'imagerie cérébrale, que la connaissance de cerveau bilingue a réellement progressé. Désormais, on comprend mieux les effets du bilinguisme sur le fonctionnement de nos neurones. Embarquez pour ce voyage dans le cerveau, les nouvelles sont bonnes !

VOYAGE DANS LE CERVEAU BILINGUE

Par Emilie Lanez

Un canapé recouvert d'un tissu bariolé, une table à langer, un panier de cubes multicolores et au fond de la petite pièce deux cabines d'enregistrement. Leurs murs sont insonorisés par d'épaisses couches de mousse. Derrière une vitre sans tain, les chercheurs y filment l'enfant posé sur les genoux de sa mère. Deux haut-parleurs émettent alternativement des sons. Le nourrisson tète. Lorsqu'il entend une lettre, une syllabe, un phonème, il tourne son petit visage, cherche l'origine de ce son familier. Puis il reprend sa succion, ignorant que le rythme auquel il aspire paisiblement sa tétine est mesuré. Plus il suce fort, plus les chercheurs du Laboratoire en neurosciences de l'Université Paris Descartes estiment qu'il est attentif. Cela peut prêter à sourire, mais on conviendra que calculer la concentration d'un humain âgé de cinq jours ou de quatre mois doit bien passer par ces subterfuges triviaux. Et rassurants pour ces minuscules cobayes du bilinguisme.

Nés dans une maternité parisienne, ces bébés ont été repérés par les équipes médicales comme issus d'une famille bilingue. La maternité avertit les équipes du docteur Pia Rama, une Finlandaise travaillant à Paris en anglais, qui leur adresse un courrier les invitant à rejoindre la cohorte de ces très jeunes sujets. « Les familles nous répondent toujours favorablement. Elles se posent comme nous beaucoup de questions sur l'éducation bilingue », commente la quadragénaire. Pia Rama fait partie de la dizaine de chercheurs qui, entre les Etats-Unis, le Canada, la Grande-Bretagne et la France, étudie le fonctionnement d'un cerveau bilingue.

Comment apprend-on simultanément deux langues ? Quelles conséquences pour le développement du cerveau ? Est-il vrai qu'on parle plus tard ? A t-on une meilleure mémoire lorsqu'on a appris deux langues ?

Ce domaine des neurosciences connaît de grands progrès depuis que l'imagerie à résonance magnétique et les capteurs électroniques permettent d'identifier précisément les zones activées du cerveau et ce faisant de comprendre comment cet organe gère ses deux ressources. Grâce à ces outils, on comprend mieux comment la mémoire stocke et extrait deux champs lexicaux, comment l'attention, la sélection, la concentration sont directement affectées par le bilinguisme. Bref, comment fonctionne un cerveau bilingue.

BILINGUES DANS LE VENTRE

Afin d'étudier le bilinguisme chez les nourrissons, les langues ont été classées en trois classes rythmiques. Impossible en effet d'attendre d'un enfant de deux semaines qu'il manifeste un réaction au son « bread » ou au son « pain », dont il ne connaît pas encore l'usage. Les linguistes ont donc regroupé les langues en « stress-timed », comme le néerlandais, ou en « syllabes timed » comme le français et enfin les langues « mora timed », telles que le japonais. « Les nouveaux-nés exposés in-utero à une seule langue manifestent plus d'intérêt à leur langue natale qu'à une autre langue non familière », explique l'équipe de psychologues de l'université canadienne de British Columbia, menée par Krista Byers-Henlein, Tracey Burns et Janet Werker. Autrement dit, ces enfants viennent au monde sachant distinguer leur langue parentale des autres. Qu'en est-il des nourrissons « bilingues », ceux portés par une mère parlant une langue mais vivant dans une autre langue ?

A la maternité de Vancouver, trente enfants âgés de zéro à cinq jours furent choisis. La moitié est née dans une famille ne parlant qu'anglais, l'autre moitié a des parents parlant le tagalog, la langue des Philippines. Le tagalog fut choisi par l'équipe scientifique car il obéit à une rythmique radicalement différente de l'anglais. Tétine dans la bouche, ces nouveaux-nés écoutent tour à tour dix minutes de discours. Une minute en anglais, puis une minute en tagalog. A chaque fois, quatre phrases sont prononcées. Lentement. Distinctement. Et par des locuteurs natifs. « Les monolingues anglais sont sensiblement moins intéressés par le tagalog. Les nourrissons bilingues anglais-tagalog ne manifestent aucune préférence particulière entre les deux langues. Ce qui prouve que l'exposition anténatale au bilinguisme affecte le nourrisson », concluent les trois chercheurs, « les nouveaux-nés bilingues ont déjà appris deux langues ».

On naît bilingue : le cerveau se développe bilingue in utero. « Ce sont des informations scientifiques assez récentes, commente Pia Rama. Auparavant, nous ne disposions que d'études basées sur le comportement des nourrissons. Comment ils tètent, ou comment plus tard ils tournent la tête manifestant avoir reconnu une langue. Depuis peu, nous affinons ces trouvailles grâce aux instruments permettant de mesurer l'activité cérébrale à la milliseconde. Pour y parvenir, on pose sur l'enfant un casque, fait de plusieurs dizaines de capteurs d'électrodes. Ces expériences confirment que les nourrissons bilingues reconnaissent leurs deux langues. Et que les monolingues n'en reconnaissent qu'une ».

Cette capacité du cerveau se transforme très rapidement. Ce qui est vrai à cinq jours de vie, ne l'est plus à cent-vingt jours... A l'âge de quatre mois, les réactions des bébés sont devenues différentes. Monolingues, les enfants de cet âge tournent vite leur tête quand ils entendent une phrase prononcée dans leur langue. Les bilingues de 4 mois eux ne manifestent aucun mouvement en entendant leurs deux langues, mais en revanche ils se concentrent dès qu'ils reçoivent une troisième langue, une langue inconnue.

LE CERVEAU S'ÉCONOMISE

« Une explication possible : les bébés bilingues attendent d'abord de s'assurer laquelle de leurs deux langues s'exprime avant d'orienter leur attention. C'est peut-être pourquoi ils ne bougent pas, mais s'agitent si la langue est nouvelle », commentent Janet Werker et Christopher Fennell, tous deux psychologues et linguistes à l'université d'Ottawa. Le plus extraordinaire est que ces petits humains sont capables de reconnaître l'expression même muette d'une langue. Ils savent distinguer les mouvements de bouche. A quatre et six mois, les monolingues anglais reconnaissent un visage mimant l'anglais et le distinguent de celui s'exprimant -sans le son- en français. A huit mois, c'est fini pour les monolingues ! Ils n'y parviennent plus. En revanche, les bilingues sont capables de reconnaître leurs deux langues à quatre mois, comme à six mois comme à huit mois. Ils ont conservé un avantage, qui a disparu chez leurs pairs unilingues.

Le cerveau sélectionne et retient ce qui lui est nécessaire. Il ne s'encombre pas de compétences non requises. Un autre test le confirme. On fait écouter à des bébés de six et huit mois, dont certains n'entendent en famille que de l'anglais et les autres que de l'hindi, le son « d ». Un son qui en hindi peut se prononcer selon deux tonalités différentes. Ce qui n'est pas le cas en anglais. Les six-huit mois, hindis ou anglais, réagissent pareillement à ce « d », familier pour les uns, étranger pour les autres. A l'âge de dix-douze mois, tout a changé : les bébés anglais n'entendent plus la différence entre ces deux formes de « d ». Leurs homologues hindis continuent eux d'y parvenir. « Comme les monolingues, les bilingues affinent leurs catégories phonétiques durant la première année de leur vie. Ils passent d'auditeurs universels à auditeurs sélectifs », concluent les scientifiques d'Ottawa.

Ces bébés, dont on peut donc dire qu'ils sont à huit mois déjà façonnés par leur monolinguisme ou leur bilinguisme, vont désormais apprendre à marcher. Puis à parler. Est-ce plus compliqué pour un cerveau d'apprendre à s'exprimer d'emblée en deux langues ? Les bébés bilingues parlent-ils plus tard ?

à suivre page 19 ➔

A Savoir

Langue et cerveau : comment ca marche

Deux aires du cerveau

Le langage mobilise deux régions du cerveau : l'aire de Broca et l'aire de Wernicke. La première est située dans la partie postérieure du lobe frontal de l'hémisphère gauche ; elle est activée dans la production de langage. La seconde se trouve dans la partie postérieure du lobe temporal gauche, et sert à la compréhension. Ces deux aires sont distinctes et expliquent que certaines personnes comprennent mieux une langue qu'elles ne la parlent.

Chez les bilingues, les langues se superposent

Chez les bilingues et quasi-bilingues, la langue 1 et la langue 2 occupent le même espace dans chacune des deux aires du cerveau associées au langage. Elles se superposent, au même endroit. « Ce qui signifie que les deux langues sont traitées comme une seule », explique Barbara Abdelilah-Bauer dans son ouvrage Le défi des enfants bilingues. L'enfant bilingue intègre dès le début qu'il existe deux systèmes de langages, et qu'il doit activer l'un ou l'autre selon la personne à qui il s'adresse. Plus globalement, « plus une seconde langue est maitrisée, plus elle sera traitée dans les même régions que la langue maternelle », écrit-elle.

Chez les apprenants plus tardifs, la 2ᵉ langue est associée à une zone différente

En revanche, chez ceux qui apprennent une langue plus tardivement, ou à l'âge adulte, l'utilisation de chaque langue tend à faire travailler des parties différentes au sein des aires de Broca et de Wernicke. C'est ce qu'ont montré les dernières recherches en neurosciences, qui utilisent des imageries à résonance magnétique (IRM). Ces recherches expliquent notamment les grandes différences d'acquisition des nouvelles langues entre deux adultes, et le fait que cet apprentissage ne peut être « parfait ».

Le cerveau des jeunes enfants est une éponge

Selon une étude du laboratoire Neuro de l'université McGill (2013), le bilinguisme précoce « modifie » la structure du cerveau. La difficulté qu'éprouvent certaines personnes à apprendre une deuxième langue plus tard dans leur vie pourrait aussi s'expliquer sur le plan structurel, indique cette étude de Denise Klein, chercheuse à l'unité de recherche en neurosciences cognitives du Neuro. Avec le vieillissement (après l'âge de 10 ans…), le cortex frontal inférieur gauche (où se nichent les zones liées au langage et à la compréhension) devient plus épais, moins plastique, et rend l'apprentissage d'une nouvelle langue plus difficile.

Jessica Gourdon

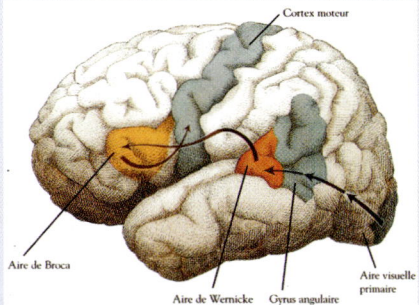

Parmi les zones du cerveau qui participent à la production du langage, outre les aires de Broca et de Wernicke il y a aussi, notamment, le cortex moteur (initiation et la réalisation des mouvements), le gyrus angulaire (traitement sémantique des informations orales) et l'aire visuelle primaire.

A Savoir

Les bilingues sont-ils plus intelligents ?

Ellen Bialystok, enseignante-chercheuse en psychologie à la York University, à Toronto est une des expertes les plus réputées du cerveau bilingue.

En quoi le cerveau des personnes bilingues est-il spécial ?

Ellen Bialystok : Les bilingues doivent en permanence arbitrer entre deux langues. Quand un bilingue franco-anglais voit un chien, selon son interlocuteur, il dira « chien » ou « dog », mais les deux systèmes sont toujours actifs – l'un des deux sera inhibé. Nos recherches ont montré que cet usage constant d'un double circuit renforce le système de « contrôle exécutif » du cerveau. Plus sollicitée, cette partie devient plus efficace. C'est ce qui explique que les bilingues réussissent mieux certaines taches que les monolingues : résoudre des conflits, faire plusieurs choses à la fois, passer d'un ordre à un autre rapidement, inhiber une action.

Cela signifie-t-il que les bilingues sont plus intelligents ?

Non ! De même, ils n'ont pas plus de mémoire. Ils sont juste meilleurs pour certaines tâches, car leur cerveau fonctionne mieux que celui des monolingues.

Les bénéfices sur le cerveau sont-ils encore plus forts chez les trilingues ?

Oui. Mais il faut prendre ces études avec précaution. De nombreuses personnes sont devenues trilingues parce qu'elles avaient des facilités avec les langues – ce qui crée un biais. Les bilingues que nous avons étudiés le sont non pas parce qu'ils disposent de certaines aptitudes, mais à cause des circonstances de la vie.

Les personnes bilingues sont-elles plus créatives ?

Quelques études l'affirment. La première a été réalisée au Québec en 1962. Elle a montré que les bilingues ont un avantage sur les monolingues en termes de créativité, d'ouverture, de flexibilité de l'esprit.

Vous avez aussi démontré que le bilinguisme protège contre la maladie d'Alzheimer...

Oui. Pour un même stade d'avancement de la maladie, les bilingues réussissent à mieux combattre les symptômes que les monolingues. En moyenne, ils dont état des symptômes de la maladie cinq ans plus tard que les monolingues. Leur meilleure utilisation de leur système de contrôle exécutif cérébral leur permet de résister davantage.

Jusqu'à quel âge peut on apprendre une langue pour pouvoir bénéficier de ces effets ?

Le plus tôt est le mieux ! Nos études se sont concentrées sur les vrais bilingues, qui ont été confrontés à deux langues depuis leur jeune enfance.

Existe-t-il des inconvénients à être bilingue ?

Les bilingues mettent plus de temps pour choisir leurs mots, ils ont aussi moins de vocabulaire. Lorsqu'on demande à un bilingue de nommer, par exemple, tous les fruits qui lui viennent à l'esprit, il va mettre plus de temps et générer moins de mots qu'un monolingue. On constate aussi que sur les tests standardisés de vocabulaire, les enfants bilingues obtiennent de moins bons scores.

Recueilli par Jessica Gourdon

« Le cerveau est apte à apprendre deux langues simultanément sans se surcharger, ni subir de retard. Les enfants bilingues parlent au même âge – environ 24 mois – que les enfants monolingues », affirme Pia Rama, dont les deux filles sont trilingues en français, anglais et finlandais. Le cerveau apprend simultanément à produire deux langages différents, il accepte que chaque objet ait deux mots divergents pour le nommer. Il est surtout capable de traduire, de passer donc d'un registre lexical à l'autre sans aucune difficulté. Barbara Pearson, psycholinguiste de l'université du Massachussets, a étudié des bambins sachant dire une petite douzaine de mots, donc des enfants âgés de 18 mois à deux ans. « Même avec ce vocabulaire restreint, les enfants bilingues traduisent. Ils produisent pour l'objet son nom dans les deux langues.» Non seulement leur cerveau a retenu deux vocabulaires, mais il sait les sélectionner, les ordonner, les produire et les distinguer à bon escient. « Ces enfants bilingues doivent accepter dès leur plus jeune âge qu'une chose peut se dire différemment. Une tasse est aussi « a cup ». Leur attention est sélective », souligne Pia Rama.

MATIÈRE GRISE EN SUS

Un entraînement de haut niveau qui façonne durablement le cerveau. Or il est aujourd'hui connu que le cerveau est un organe plastique, capable de se muscler, de s'améliorer, de se façonner. Il a été démontré que des pratiques répétées ont un effet significatif sur ses performances cognitives. Les chauffeurs de taxi londoniens habitués à mémoriser les rues disposent d'une aire d'hippocampe élargie, les architectes sont meilleurs en capacités visio-spatiales. Quid de ceux dont le cerveau a dès la naissance dû naviguer et jongler entre deux langues ?
« Les bilingues ont une matière grise plus dense dans leur cortex pariétal inférieur gauche. Epaississement qui est plus manifeste encore chez les personnes bilingues dès l'enfance plutôt que chez les personnes ayant appris une seconde langue tardivement », dit Ellen Bialystok, professeure de psychologie à l'université de York. La Canadienne est reconnue comme une des plus grandes spécialistes mondiales du cerveau bilingue (voir son interview p.16). Elle explique que les bilingues paraissent dotés de meilleures performances cognitives, « parce qu'en permanence dans leur cerveau, les deux langues sont actives et disponibles et ce même lorsque l'individu est en train d'en parler une ». Une veille constante. Une attention permanente. Qui a de multiples effets : les bilingues produisent différemment du langage, car ils doivent d'abord sélectionner la langue requise, puis l'utiliser et laisser l'autre langue, non sollicitée, en état de vigilance. Un choix que les monolingues n'ont pas à faire.

Cette pratique constante, quotidienne, augmente sensiblement les performances du système cognitif, responsable de tout ce que l'humain doit planifier et réguler dans sa conduite, soient les gestes impliquant l'attention, la sélection, l'inhibition, le changement etc.. A tel point que chez les bilingues, l'épaississement du cortex cérébral est visible. Il a été quantifié dans une batterie d'images obtenues par résonance magnétique à l'Institut neurologique de Montréal. La région du cortex préfrontal dorsolatéral, spécialisée dans les processus d'attention et de mémorisation, est plus épaisse chez les bilingues de naissance, entraînés à changer de langue, donc de séquence de travail.

Cortex plus épais, soit. Mais concrètement, quels avantages pour le cerveau d'être bilingue ?

UN CERVEAU CONCENTRÉ

Les bilingues sont meilleurs dans les tâches que les scientifiques nomment « métalinguistiques », soit les tâches qui exigent dans le même temps de contrôler son attention et d'inhiber certaines fonctions. Bref, d'être concentré et efficace. Exemple en deux temps : des enfants bilingues ou monolingues relèvent avec la même rapidité que la phrase « les pommes poussées sur les arbres » est grammaticalement incorrecte. Le verbe n'y est pas conjugué. Si on leur présente la phrase, « les pommes poussent sur des nez », les bilingues observent plus rapidement que les monolingues que cette phrase a beau être absurde, elle n'en est pas moins grammaticalement juste. « Cet exercice exige une attention particulière, analyse Ellen Bialystok, car il faut être capable de ne pas se laisser distraire par le sens absurde de la phrase et savoir se concentrer uniquement sur la justesse grammaticale ».

Cette expérience a conduit les scientifiques à mesurer plus finement les performances des bilingues dans la résolution de problèmes. Les bilingues sont meilleurs quand le problème posé comporte des incongruités, des indices superflus égarant le raisonnement. Très aisément, ils les éliminent. Comme si leur cerveau était hyper entraîné à mettre de côté ce dont il n'a pas immédiatement besoin. En 1996, Philipp Zelazo et son équipe de l'université du Minnesota ont réuni un groupe d'enfants, âgés de 4 à 5 ans, auxquels ils ont demandé de trier des cartes selon leur couleur. Puis dans la foulée, de les retrier selon leur forme. Les bilingues alternent rapidement, ils ne se laissent pas distraire dans le second exercice par la couleur. Tandis que les monolingues ont des difficultés à se plier au second critère de tri. « Les bilingues paraissent être dotés de meilleures capacités dans les activités exigeant un contrôle exécutif. Ils sont plus performants dans les tâches exigeant de résoudre un conflit entre deux options pour obtenir la réponse », conclut Ellen Bialystok.

à suivre page 22 ➔

Question

Qu'est-ce qu'un vrai bilingue ?

Une fausse bonne question... que ne se posent que les monolingues ! L'idée qu'il y aurait un « niveau » à partir duquel on est un « vrai » bilingue et en-deça duquel on n'aurait pas droit à l'étiquette magique, ne correspond pas à la réalité de la vie des bilingues. Ou n'y correspond plus en tout cas. C'est ce que montre cette évolution des définitions communément admises à leur époque :

1935
« Le bilingue doit maîtriser toutes les compétences linguistiques de chacune des deux langues aussi bien qu'un monolingue » (Bloomfield)

1953
« Toute personne fluente dans une langue et au minimum capable de produire des énoncés compréhensibles dans une autre langue » (Haugen)

1987
« Le bilinguisme est la capacité d'utiliser alternativement deux langues, deux systèmes de correspondance sens-forme ayant chacun ses propres caractéristiques phonétiques, morpho-lexicales, morpho-syntaxiques et pragmatiques (niveaux oral et écrit) » (Paradis)

Aujourd'hui
« Les bilingues sont des personnes pouvant fonctionner dans leurs deux langues selon les besoins extérieurs ».

Cette dernière définition est du spécialiste François Grosjean[1]. Il la propose pour tenter d'échapper à ce qu'il appelle « la définition du bilinguisme imposée par les monolingues » qui, dit-il, conduit souvent les bilingues « à critiquer leur propre bilinguisme, à insister qu'ils ne parlent pas une des langues « aussi bien », qu'ils ont un accent, qu'ils mélangent, etc... »

La réalité, dit le chercheur, est que le bilinguisme parfaitement équilibré est rare. L'immense majorité des bilingues ont des usages spécifiques pour chacune de leurs langues. Ils ont donc développé des compétences spécifiques dans ces langues.

En revanche, plus qu'un « niveau » donné impossible à mesurer, c'est semble-t-il le moment de l'apprentissage qui fait la différence, avec des conséquences au niveau du cerveau.

On distingue ainsi trois stades de développement du bilinguisme :
1. **Le bilinguisme précoce simultané** (de 0 à 3 ans) : les deux langues sont apprises simultanément dès la naissance (cas des enfants de couples bilingues par exemple)
2. **Le bilinguisme précoce séquentiel** (après 3 ans) : la seconde langue est apprise alors que l'apprentissage de la première est déjà amorcé
3. **Le bilinguisme tardif** (à partir de 6 ou 7 ans pour certains chercheurs, plus tard, 12 ans ou plus, pour d'autres).

Les études récentes par imagerie mentale (IRM) montrent des différences selon l'âge d'acquisition du bilinguisme : lorsque la deuxième langue a été apprise de manière précoce -et encore plus dans le cas du « précoce simultané », son usage sollicite des zones du cerveau semblables à celles activées par l'autre langue. Au contraire, lorsque la deuxième a été apprise plus tardivement, des zones différentes sont mises en jeu.

Emmanuel Saint-Martin

---
[1] Bilingual, Life and Reality, Harvard University Press, 2012

« Il n'est pas démontré que le bilinguisme ait une influence sur le développement et le fonctionnement de la mémoire », dit Ellen Bialystok. Surprenant, non ? Pourtant ces pontes de la recherche en neurosciences sont formels, l'utilisation d'une langue ne repose pas sur les capacités mémorielles. Bien que – rien n'est simple dans le cerveau - « on peut considérer qu'un meilleur contrôle exécutif booste le système mémoriel ». Démonstrations.

Des bilingues et monolingues, âges variés mais tous adultes, sont sommés de se souvenir le mieux possible d'une liste de vingt mots. Les bilingues sont moins performants. Ils se souviennent moins bien des mots que les monolingues. La neuro-imagerie l'explique paradoxalement : les zones préfrontales sont plus activées chez les bilingues, qui doivent constamment passer d'une langue à lune autre ou sélectionner l'une plutôt que l'autre. Ce conflit constant compromet un accès rapide à un champ lexical.

MEILLEURS EN MATHS

En revanche, leur mémoire se souvient mieux d'autres choses que des mots. Dix cubes de bois sont disposés en vrac dans une pièce. Un animateur montre une figure à reproduire puis ôte le modèle de la vue des cobayes. Lorsqu'il s'agit de reproduire la figure dans le même ordre, les bilingues et monolingues obtiennent des scores identiques. En revanche, lorsqu'il faut déconstruire une figure donnée dans un certain enchaînement, les jeunes participants obtinrent de meilleurs résultats que les adultes et parmi ces jeunes, les bilingues furent plus efficaces que les monolingues (test de Corsi, 1971). La mémorisation verbale est donc plus faible chez les bilingues, mais la mémoire impliquant l'exécution de tâches est un peu meilleure chez les bilingues. Voilà bien un effet paradoxal du bilinguisme, il altère légèrement la mémoire des mots mais favorise celle des gestes... Et donne des avantages en calcul mental, comme vient de l'établir une étude conduite par des chercheurs de l'université espagnole de Grenade et de York au Canada. Les enfants bilingues de 5 à 7 se sont révélés plus rapides et plus efficaces à résoudre des opérations de calcul mental. « Leur mémoire à court terme, celle qui permet de travailler, gère et intègre mieux des informations », concluent les scientifiques. Non seulement les bilingues seraient avantagés en mathématiques, mais de surcroît ils seraient « bilingues » en maths.

Nicole Wicha est professeur en biologie à l'université San Antonio au Texas, une région des Etats-Unis où les flux migratoires intenses composent des populations majoritairement anglo-hispanophones. En mesurant leur activité cérébrale, la scientifique soumet 22 jeunes adultes, ayant grandi en espagnol puis ayant appris l'anglais

à suivre page 24 ➔

Question

Va-t-il parler plus tard ?

C'est sans doute une des idées reçues les mieux ancrées : un enfant bilingue commencerait à parler plus tard. Intuitivement, on se dit que c'est le bon sens : il faut plus de temps au cerveau pour « absorber » deux langues en même temps.

Pourtant, rien ne le prouve : toutes les études[1] au contraire montrent que les enfants vivant dans un environnement bilingue dès la naissance apprennent à parler sans retard particulier :
– Vers un an : premiers mots
– Vers 18 mois à 2 ans : phrases de deux mots
– de 24 à 36 mois : phrases plus longues
– de 3 à 5 ans : phrases complexes, conversations suivies

Pour chacune de ces phases, des chercheurs ont montré qu'il n'existe pas de différence entre bilingues et monolingues. Dès la phase du babillage (da da da), les bilingues sont à la hauteur des monolingues. Ceci est d'autant plus surprenant que les bilingues ont développé dans le même temps une capacité à distinguer entre les deux langues que perdent très vite les petits élevés dans un univers monolingue. Mais ils le font de manière efficace.

Dans les phases suivantes, même constat des chercheurs : pas de différence statistique notable entre bilingues et monolingues. Ce qui ne signifie pas que ce développement se fasse de manière simultanée et égale entre les deux langues du bilingue. Au contraire, ces mêmes études montrent que nombre d'enfants atteignent un stade de développement donné dans une langue plus tôt que dans l'autre. Dans la plupart des cas, cela est simplement la conséquence d'une différence d'exposition aux deux langues : en général l'enfant maîtrisera d'abord la langue à laquelle il est le plus exposé (mais il y a là aussi de très nombreuses exceptions).

Mais même s'il y a un décalage entre les deux langues, les bilingues suivent le même chemin : comme les monolingues, ils vont connaître, dans les deux langues, « l'explosion lexicale » dont parlent les spécialistes, cette soudaine augmentation du nombre de mots maîtrisés qui va les faire entrer dans le monde des phrases complexes et du langage développé. Au même âge que les autres.

Emmanuel Saint-Martin

[1] Par exemple : Petitto & Holowka, 2002.

au collège, à une épreuve de récitations de tables de multiplications. Surprise : les sujets s'en souviennent parfois en anglais parfois en espagnol. Elle réitère ces recherches en soumettant cette fois des professeurs de maths bilingues au même test. Surprise confirmée : ils les récitent plus volontiers dans la langue qu'ils enseignent que dans celle où, étant enfants, ils les ont apprises. « Ceci démontre que les bilingues peuvent accéder aux concepts mathématiques dans leurs deux langues. »

MOINS DE VOCABULAIRE

« Il est désormais assez documenté que les bilingues disposent généralement de moins de vocabulaire que les monolingues », remarque Ellen Bialystok. Un point important car la mesure du stock de vocabulaire dont dispose un enfant est une référence essentielle lorsqu'il s'agit de mesurer ses stades de développement. Les recherches prouvent que les bilingues enfants bénéficient, dans chacune de leur langue, de moins de vocabulaire que leurs pairs monolingues. « Toutefois, on peut interroger ce point. Car si on additionne les stocks de chaque langue, les bilingues connaissent plus de mots que les monolingues. Mais il est vrai que chacune des langues est isolément plus pauvre » modère Pia Rama.

Pour vérifier ce constat, l'équipe de Bialystok a soumis 971 enfants, âgés de 5 à 9 ans, dont la moitié est bilingue au test « Echelle de Vocabulaire en Images Peabody », une évaluation standardisée qui mesure par des outils psychométriques et psychopédagogiques le vocabulaire effectivement acquis d'un enfant. « A ce test, les monolingues obtiennent un score moyen de 105. Les bilingues n'obtiennent que 95. La différence notoire est identique à chaque tranche d'âge », indique la scientifique canadienne. Il convient ici de préciser que dans cette cohorte, les enfants bilingues étaient tous scolarisés en anglais, suivaient des activités extra-scolaires en anglais. Il n'y a qu'à la maison qu'ils parlaient une autre langue.

ADULTES PLUS LENTS

Une expérience identique a été conduite chez des sujets adultes. Les bilingues se sont avérés être plus lents pour nommer des images, moins efficaces pour reconnaître des mots dans un environnement bruyant. Et ce n'est pas tout. Il leur fut demandé de dire le plus de noms d'animaux possibles commençant par la lettre F, puis la lettre A et S. A chaque âge, jeunes adultes, quadragénaires, quinquagénaires, les bilingues obtiennent de plus mauvais scores que les monolingues. « Ces études prouvent que la difficulté pour les bilingues est de passer outre l'interférence avec leur autre langue, celle qui est en veille active » commente Ellen Bialystok. Il se pourrait qu'à chaque

à suivre page 26 →

A Savoir

Le contrôle exécutif comment ça marche ?

Ce qu'Ellen Bialystok et d'autres chercheurs ont découvert des bénéfices du bilinguisme sur le fonctionnement du cerveau tourne donc autour des « fonctions exécutives » du cerveau. En bref, c'est l'ensemble des processus cognitifs qui permettent de faire varier le traitement de l'information en fonction des objectifs donnés.

Donc de s'adapter plutôt que de rester rigide et inflexible. En apprenant à manier deux langues (ou plus), le bilingue développerait ainsi une plus grande aisance à choisir les informations pertinentes disponibles dans son cerveau pour une tâche donnée.

L'un des moyens utilisés par les chercheurs pour arriver à cette conclusion est le fameux test de Stroop. Une liste de mots décrivant des couleurs, présentés chacune dans une encre de couleur différente. On demande à la personne testée de donner le nom de la couleur de l'encre. Puis on mesure le temps de réaction. Celui-ci est en général plus long lorsqu'on présente un mot décrivant une couleur donnée écrit dans une encre d'une couleur différente (« bleu » écrit en rouge par exemple) : le cerveau fournit d'abord la réponse qui résulte de la lecture (« bleu » donc) avant de trouver la bonne réponse (« rouge » ici).

Ce qu'ont montré Ellen Bialystok et ses collègues, c'est que chez les bilingues le temps de réaction est sensiblement plus court : leur cerveau parvient plus rapidement à identifier la bonne réponse, et à passer outre les interférences créent par des signaux contradictoires. L'hypothèse est qu'habitués à « jongler » en permanence entre deux langues, donc deux informations simultanées pour une situation données, les bilingues entraînent leurs « fonctions exécutives » plus que les monolingues.

A votre tour de vous tester :

BLUE	RED	YELLOW	ORANGE
GREEN	BLUE	PURPLE	RED
PURPLE	YELLOW	RED	BLUE
ORANGE	BLUE	YELLOW	RED
RED	GREEN	ORANGE	BLUE
PURPLE	YELLOW	BLUE	ORANGE

fois que le bilingue doive trouver un mot dans une langue, il lui faille d'abord résoudre le conflit avec l'autre langue. Il doit dire « dog » mais pour cela son cerveau doit éliminer « chien ». Le monolingue n'a qu'à dire « dog » ou « chien ». La spécialiste ajoute que les bilingues utilisent chacune de leur langue moins souvent qu'un monolingue. Une lapalissade certes mais qui explique cette relative faiblesse lexicale.

Ces piètres scores des bilingues doivent toutefois être relativisés. C'est justement parce qu'à chaque instant leur cerveau tranche un conflit entre deux options – je dis bread ou pain, je dis tasse ou cup ?- que leur « centre du contrôle des fonctions exécutives », la tour de contrôle de l'organe central, est lui dopé. Hyper activé. Archi-sollicité. Ce centre des fonctions exécutives est, dans le cerveau bilingue, très performant.

Résumons, le cerveau bilingue stocke moins de vocabulaire, il perd du temps à sélectionner le bon, mais en revanche habitué à trancher des conflits entre ses deux langues, il se fabrique un centre de fonctions exécutives ultra-performant. A tel point, que la matière grise augmente, le cortex s'épaissit. Pour autant, les scientifiques n'ont pas fini d'arbitrer le match entre le cerveau monolingue et le bilingue. Car il reste bien des mystères sur son fonctionnement.

UN RÉSEAU ENCHEVÊTRÉ

« Les bilingues ont plus de ressources et des ressources plus efficaces pour accomplir des tâches, reposant sur un conflit non verbal. L'ironie est que le bilinguisme procure le plus d'avantages dans des tâches non verbales et coûte le plus en production de langage », s'amuse Ellen Bialystok.

« Il est tentant de chercher une seule explication qui intégrerait tous ces effets » poursuit la scientifique. Tentant mais malaisé. « Le système est organisé en réseau ce qui rend difficile voire impossible d'identifier l'unique source impliquée dans tous les effets produits par le bilinguisme ».

Depuis 2007, on sait que dans le cerveau bilingue, une série de connexions entre le cortex préfrontal, le cortex antérieur cingulaire, et la région pariétale inférieure est fort sollicitée. Lorsque ce cerveau doit sélectionner quelle langue utiliser, il se sert de la zone destinée à résoudre les conflits : le cortex préfrontal dorsolatéral et le gyrus cingulaire antérieur. Et comme ce conflit apparaît durant une tâche langagière, l'aire de Broca, le cortex pariétal inférieur, est activé. Les bilingues résolvent des conflits verbaux en activant deux zones que les monolingues utilisent pour résoudre des problèmes non verbaux. « A travers une large échelle d'études expérimentales, investiguant une large variété de compétences, il est clair que le bilinguisme est une expérience qui a des conséquences significatives sur les performances cognitives », résume Ellen Bialystok.

Question

Un enfant peut-il oublier sa langue maternelle ?

Oui !

Ce phénomène porte un nom : l'attrition. Le bilinguisme, chez les enfants, n'est pas « acquis » pour la vie. Dans certains contextes, la langue maternelle, si elle n'est plus pratiquée régulièrement, disparaît peu à peu. Au début, l'enfant commence à hésiter à trouver le mot juste. S'il n'est pas sollicité pour continuer cette pratique, il peut se retrouver dans l'impossibilité de parler dans cette langue, puis, au bout de plusieurs années, de la comprendre.

Comment ?

C'est le cas, de façon spectaculaire, de certains enfants adoptés. Ou d'enfants qui sont plongés dans une nouvelle langue pendant leur enfance, et dont la langue maternelle, minoritaire dans l'environnement social, n'est plus parlée, ou parlée que par un seul parent.

Les facteurs psychologiques et sociaux jouent un rôle important dans le déclin possible de cette langue maternelle : si cette langue est dévalorisée par la société ou par les éducateurs. Si elle est associée, par exemple, à un élément négatif dans l'histoire de l'enfant.

L'âge joue également un rôle important. « Plus un enfant est jeune quand sa première langue s'affaiblit, plus l'oubli de cette langue sera rapide et irréversible », affirme Barbara Abdelilah-Bauer, auteur du *Défi des Enfants bilingues*. L'oubli de la première langue « peut être total si une seconde langue devient dominante avant 8 ou 9 ans », âge auquel un enfant sait lire et écrire. En effet, ces deux activités fixent davantage la langue dans le cerveau : celui-ci sera donc « moins sensible à l'influence d'une seconde langue ». En revanche, si la deuxième langue dominante est apprise « après la puberté », il est très rare que celle-ci efface la langue maternelle.

Que faire pour l'éviter ?

Pour François Grosjean, chercheur spécialiste du bilinguisme, il faut que les parents s'accrochent. D'autant que plusieurs études ont montré que le maintien de la langue maternelle joue un rôle important pour la stabilité psychologique d'un enfant, et favorise son développement cognitif.

« Les parents devront développer différentes stratégies pour renforcer la langue la plus faible. S'ils trouvent un moyen de s'y tenir jusqu'à l'adolescence, il y a toutes les chances de penser que cette langue trouvera sa place et que le bilinguisme des enfants sera stabilisé. » Journées ou repas dédiés à cette langue, séances de jeux avec d'autres enfants la parlant, livres, films, voyages d'immersion dans la langue maternelle... Aussi, le bilinguisme prend mieux dans les familles où le conjoint apprend lui aussi la langue minoritaire, et la valorise.

Jessica Gourdon

GUIDE DE L'ÉDUCATION BILINGUE

Chapitre 2

GUIDE DE L'ÉDUCATION BILINGUE

Le bilinguisme, comment ça marche dans la famille ?

Certes il existe des bilingues « par accident », mais le plus souvent le bilinguisme est un choix familial, le résultat d'une démarche délibérée de parents. Il y a une multitude de raisons de vouloir élever des enfants bilingues, de la volonté de transmettre un héritage culturel au souhait de les préparer à une économie mondialisée. Et autant de profils de parents d'enfants bilingues, des couples binationaux aux monolingues qui décident que leurs rejetons recevront, eux, ce don des langues... Dans la majorité des cas, le bilinguisme est donc une aventure familiale, qui exige des choix et des décisions des parents. Avoir des enfants bilingues se mérite...

STRATÉGIES DE FAMILLES

Par Alexis Buisson et Emmanuel Saint-Martin

Megan Nordgren est américaine. Son mari, suédois. Ils voulaient que leurs trois enfants, scolarisés dans le programme bilingue français-anglais de PS84 dans l'Upper West Side à New York, apprennent une troisième langue « *le plus tôt possible* ».

Alors, comme dans les séries policières où il y a un bon flic et un mauvais flic, les Nordgren ont décidé de se répartir les rôles : monsieur leur parlera suédois (et uniquement suédois) tandis que madame se chargera de l'anglais. Une méthode que les scientifiques appellent « OPOL » (« One Parent One Language », encore appelé « principe de Ronjat », voir p 32-33). « *Mon mari fait semblant de ne pas comprendre l'anglais quand ils sont ensemble* », explique Megan.

Pour le reste, la maman reconnaît qu'elle n'a pas suivi de manuel. Emissions de télévision, DVD pédagogiques, chansons de pop suédoise, baby-sitter, cours d'écritures et jeux à l'église suédoise : le couple n'a pas fait les choses à moitié. « *Nous avons demandé conseil à des amis qui sont dans la même situation, mais nous n'avons pas trop réfléchi à comment faire.* »

INTIMITÉ

Quelle stratégie employer ? C'est la question, l'angoisse même, de toutes les familles qui ont choisi le bilinguisme pour leurs enfants. Au risque de décevoir, disons-le tout net : il n'y a pas de « bonne méthode » universelle. Les dynamiques à l'œuvre dans l'acquisition des langues sont trop variées pour cela. Elles sont liées à des facteurs extrêmement subjectifs, comme le degré de maîtrise des langues par les parents, mais aussi plus intimes encore comme la proximité entre les frères et sœurs, ou entre les parents et leurs enfants.

Comment expliquer, par exemple, que deux enfants issus d'une même famille, immergés dans le même contexte linguistique, développent des niveaux différents ?

Le premier à s'être intéressé de près à cette question est Werner Leopold. Ce professeur de phonétique allemand, installé aux Etats-Unis en 1925, est un des pionniers de la psycho-linguistique, le premier à avoir étudié de manière scientifique les processus en jeu dans le bilinguisme. Il a notamment travaillé sur le cas de ses enfants et en particulier de sa fille, Hildegard. Tout en lui parlant allemand (et en laissant sa femme le soin de lui parler anglais), Leopold a suivi son développement linguistique de l'âge de huit semaines jusqu'à l'adolescence, consignant patiemment les performances de sa fille dans des carnets. Il nota par exemple que l'allemand d'Hildegard était beaucoup plus développé que celui de sa petite sœur, Karla. Cette dernière avait également tendance à mélanger l'allemand et l'anglais dans ses phrases, à la différence d'Hildegard. Les raisons de ce décalage ne sont pas connues. Karla avait-elle moins de vocabulaire que sa sœur ? Etait-elle intimidée par son niveau ? Voulait-elle embêter son père qui refusait catégoriquement que ses filles mélangent les deux langues ? Mystère.

Alvino Fantini, un autre chercheur qui procéda aux mêmes recherches sur sa famille que Werner Leopold, a trouvé que son ainé, Mario, maîtrisait mieux l'espagnol, qu'il lui parlait à la maison, que ses autres enfants. La raison selon lui : en tant qu'ainé, son enfant a fait l'objet de plus « d'attention » de la part de ses parents et bénéficiait du soutien d'une nounou hispanophone avec laquelle il passa plus de temps qu'avec ses parents.

Autre facteur : la timidité de l'enfant lui-même. C'est ce qu'observa une autre chercheuse, l'Allemande Charlotte Hoffman, auteure de *Trilingualism in Family, School and Community*, un ouvrage dans lequel elle dissèque l'usage de l'allemand, de l'espagnol et de l'anglais dans sa petite famille multilingue. Son ainé, Pascual, était plus extraverti que sa sœur Christina, ce qui l'a aidé dans sa marche vers le bilinguisme.

« Un frère et une sœur qui partagent le même toit et qui sont exposés au même dosage de langue sont affectés par la manière dont ils apprennent, les opportunités qu'on leur donne pour pratiquer la langue et le feedback qu'ils reçoivent quand ils la parlent. Même des jumeaux avec les mêmes gènes, élevés dans le même environnement, peuvent développer des niveaux de langues très différents, explique Suzanne Barron-Hauwaert, une maman de trois enfants bilingues qui a signé *Bilingual Siblings*, un ouvrage sur le bilinguisme dans les familles. *Un deuxième enfant arrive dans une famille qui a une stratégie de bilinguisme bien rodée, mais chaque enfant approche la langue avec une perspective différente. En tant que parents, nous avons l'impression d'offrir exactement le même environnement linguistique à nos enfants mais, en réalité, chaque enfant apporte une nouvelle dimension à la famille et augmente ou diminue le niveau de langue général de la famille. »*

CHACUN SA LANGUE

Ces variables multiples, mouvantes, insaisissables, montrent qu'il n'est pas toujours facile de choisir la stratégie familiale qui permette de parvenir au but, le bilinguisme des enfants. La méthode OPOL (One Parent One Language) semble avoir la préférence, en tout cas pour les familles où chaque parent a une langue maternelle différente et qui passent un temps comparable en présence des enfants (« la situation la plus favorable à l'épanouissement bilingue » dit le chercheur Colin Baker). Pourtant, même là, rien n'est simple. Selon une étude menée par Sausanne Barron-Hauwaert, 40% des familles utilisent le système « One parent one language » des Nordgren cités plus haut, contre 22% optant pour une stratégie de « mélange » des langues. Mais au fur et à mesure que la famille s'agrandit, que les enfants se font des amis qui ne parlent pas la langue de la maison, et qu'ils s'affirment, les parents sont souvent obligés de revoir leur stratégie. Le fameux « mélange » des langues devient en fait la norme lorsque les enfants grandissent. Et ce n'est en aucun cas un handicap ni un problème : c'est la caractéristique du bilinguisme de pouvoir disposer d'une langue pour une situation particulière. On parlera par exemple anglais pour raconter sa journée à l'école, vécue en anglais, puis français pour parler de projets familiaux ou des prochaines vacances...

Le succès de la méthode OPOL auprès des parents tient en réalité autant aux résultats escomptés pour l'enfant qu'au désir des parents : elle permet à chacun des parents de parler sa propre langue maternelle avec son enfant. Adam Beck, expatrié américain au Japon, et fondateur du site Bilingualmonkeys, -qui parle très bien le japonais, le dit ainsi : « ce n'est qu'en anglais que je peux vraiment communiquer ce que je suis à mes enfants ». Cette forte implication emotionnelle, évidente, explique aussi pourquoi la première source de frustration exprimée par des parents d'enfants bilingues a souvent trait au refus de leurs rejetons à parler « leur » langue. C'est le cas de Yves, dont les deux enfants, de mère américaine, ont grandi aux Etats-Unis, scolarisés entièrement en anglais. Sa fille aînée parle parfaitement français. La deuxième, en revanche, comprend le français mais ne s'adresse à lui qu'en anglais. « Je le prends comme un échec personnel, une « sanction » pour ne pas avoir été assez souvent à la maison », dit-il.

RETABLIR L'ÉQUILIBRE

C'est ce risque d'échec, et de déséquilibre trop important entre la langue minoritaire et la langue prioritaire qui conduit certaines familles à choisir l'autre méthode, celle dite « MILAH », pour « *minority language at home* ». Autrement dit, les deux

à suivre page 35 →

A Savoir

La méthode OPOL (One Parent One Langage)

Le principe

Chaque parent parle dans sa propre langue maternelle à l'enfant, et s'y tient. Il ne faut pas intervertir les rôles. Le mieux est de débuter dès la naissance de l'enfant.

Pour qui ?

Cette stratégie s'adapte bien aux couples mixtes/biculturels. En particulier lorsque les deux parents peuvent être présents de manière à peu près équivalente auprès de l'enfant.

Avantages

Cette méthode, largement répandue, donne des bases solides aux enfants et évite, en principe, la confusion entre les deux langues. Théorisée au début du 20e siècle par le linguiste Maurice Grammont (« un locuteur, une langue », également appelé « principe de Ronjat »), elle permet aux enfants de progresser parallèlement dans les deux langues (à des rythmes différents, toutefois), et d'acquérir la prononciation des « natifs ».

Les éventuels déséquilibres entre les deux langues peuvent se corriger à la faveur d'une immersion (vacances dans le pays d'origine d'un des parents, par exemple).

Ce qu'il faut savoir

L'OPOL exige de la discipline et de la persévérance de la part des parents. Adam Beck, consultant américain spécialisé sur le bilinguisme (bilingualmonkeys.com) qui vit au Japon et qui est marié à une Japonaise, l'a jugée très efficace, mais au prix de lourds efforts, et de quelques regrets – comme celui de ne pouvoir améliorer son japonais au quotidien en le parlant avec sa femme. Et vice-et-versa.

Les défis

Cette méthode peut poser des défis d'ordre psychologiques. Si l'un des parents ne comprend pas bien la langue maternelle de l'autre, il peut se sentir exclu au sein de son foyer. Plus généralement, la discipline « one parent, one langage » peut être difficile à maintenir lorsque la langue d'un des parents n'est pas du tout comprise (ou peu valorisée) dans son environnement. En présence d'amis, de famille, dans la rue, le parent peut se sentir « marginalisé » ou enfermé dans une bulle avec son enfant, et sera tenté de parler la langue majoritaire. Il doit pourtant persévérer. « Ce bilinguisme non assumé est le premier pas vers son échec », prédit Barbara Abdelilah-Bauer dans son ouvrage « *Le défi des enfants bilingues* ».

Jessica Gourdon

A Savoir

La méthode MILAH (Minority langage at home)

Le principe

La langue « minoritaire » est parlée exclusivement à la maison, même si elle n'est pas la langue maternelle de l'un des deux parents. L'enfant est scolarisé et/ou vit dans un environnement parlant la langue majoritaire.

Pour qui ?

Cette méthode est naturellement adoptée par des parents de même langue vivant dans un pays étranger (expatriés, immigrés). Mais aussi par des familles biculturelles qui veulent renforcer une langue minoritaire.

Avantages

Efficace, elle permet à l'enfant de faire une distinction claire entre les deux langues. Elle est aussi moins difficile à tenir pour les parents que la méthode OPOL, surtout lorsque les deux partagent la même langue maternelle.

Difficultés

Pour certains enfants, il peut apparaître un léger désavantage dans la langue majoritaire (qui n'est pas parlée à la maison), pendant les toutes premières années. A l'école, l'enfant bilingue a alors moins de vocabulaire ou s'exprime moins bien que les enfants monolingues. Ce léger retard peut parfois inquiéter les parents – qui sont d'autant plus démunis lorsqu'ils ne connaissent pas bien le système scolaire dans lequel est immergé leur enfant. Mais le plus souvent, tout rentre dans l'ordre avant que l'enfant n'atteigne 7 ou 8 ans. Dans tous les cas, sur le long terme, l'apprentissage de la langue « majoritaire » (celle de l'école) est rarement un problème.

A contrario, pour les familles restant longtemps dans un pays tiers, la langue minoritaire a souvent tendance à s'éroder, à mesure que la famille s'intègre. La langue majoritaire entre de plus en plus à la maison, via les amis, les devoirs... Deux enfants de parents français scolarisés aux Etats-Unis auront tendance, par exemple, à jouer ensemble en anglais. Ce qui demande aux parents une discipline d'autant plus importante, afin qu'ils continuent de leur parler en français.

Des modèles mixtes ?

Au delà des deux principaux modèles (OPOL et MILAH), nombre de familles sont confrontées à des situations qui nécessitent de la souplesse. Il n'y a pas de recette miracle, et chacun peut essayer de nouvelles règles. Quelques exemples ? Assouplir la méthode MILAH en décidant que la famille utilisera une langue pendant les vacances ou à certains endroits, et une autre à la maison. Instaurer une langue pour la semaine, une autre le week-end... Ou encore : utiliser la méthode OPOL la plupart du temps, mais de temps à autre, à l'occasion d'un repas, toute la famille parle la langue minoritaire à table, afin de renforcer son usage.

C'est à chacun de trouver la bonne solution, en admettant que le bilinguisme est un effort, et qu'il nécessite une implication particulière de la part des parents.

parents parlent la langue qui n'est pas celle de l'école et des autres activités extra-familiales. Il s'agit là de rétablir l'équilibre autant que possible. C'est très souvent là aussi une conséquence des circonstances plus qu'un choix. Les parents de même langue vivant dans un pays étranger auront plus tendance à adopter cette pratique. Dans les cas où les deux parents sont de langue maternelle différente, cette méthode suppose que l'un des parents soit lui-même bilingue. Ainsi de Stephanie, française et Jimmy, américain, qui vivent à Brooklyn : lorsque leur fille a atteint l'âge de trois ans et est entrée dans une « pre-k » (école maternelle) monolingue anglaise, ils ont décidé que le langage de la maison serait le français. « Pour Jimmy c'est un véritable effort : il parle français très bien, il a vécu en France 5 ans et c'est là que nous nous sommes rencontrés, mais il a dû prendre sur lui pour accepter de ne pas parler sa langue maternelle avec sa fille... » Il reconnait lui-même d'ailleurs que la règle n'est pas appliquée à la lettre, « mais suffisamment pour faire la différence ». « C'est un effort mais je suis fier de le faire : ça permettra à nos enfants de disposer de deux langues, c'est le plus beau cadeau que je puisse leur faire. »

C'est en tout cas un effort qui peut être nécessaire : une étude de Annick De Houwer[1] montre ainsi qu'un quart des familles bilingues ayant appliqué à la lettre la méthode OPOL aboutissent à un « échec », l'enfant finissant par ne pas maîtriser la langue minoritaire. En ayant seulement un seul de ses parents qui la lui parle, il n'atteint pas le volume d'heures de pratique nécessaire (voir p.36). Réalisée en belgique flamande, l'étude d'Annick De Houwer montre de manière nette la corrélation entre la langue des parents à la maison et la capacité à maîtriser la langue minoritaire. Ainsi, dans le cas d'un foyer où un des parents ne parle à la maison que le néerlandais et l'autre à la fois le néerlandais et sa langue maternelle, seulement un tiers des enfants finissent par parler la langue minoritaire. Au contraire, dans le cas où les deux parents parlent la langue minoritaire à la maison, plus de 9 enfants sur 10 deviennent bilingues.

C'est dans ces cas que la constance et la persévérance des parents devient primordiale. « Les familles qui réussissent sont celles qui mettent en place un véritable plan, qui multiplient les moments et les occasions de parler la langue minoritaire » raconte Christina Bosemark, fondatrice de la Multilingual Children's Association. Cette Suédoise, qui vit à San Francisco, a décidé d'élever ses enfants en trois langues : suédois, anglais et espagnol. Il existe, dit-elle, une multitude de façons pour une famille d'augmenter la « dose » de la langue minoritaire. Elle en a recensé plusieurs :

– Groupe de jeu dans la seconde langue : formels ou informels, ils existent partout (dans les grandes villes en tout cas). Les enfants apprennent de leurs pairs mieux que de quiconque !

[1] Applied Psycholinguistics 28(2007)

à suivre page 37 →

A Savoir

Comment choisir ?
La règle des 25 heures

OPOL, MILHA, mélange des deux ? Certes mais comment choisir ? Il n'existe là non plus aucune « norme », mais entre recherche universitaire et constation empirique de parents, une règle non écrite a fini par se dégager : pour espérer atteindre le bilinguisme, il faut que la « langue minoritaire » (donc celle qui n'est pas parlée à titre principal à l'école et dans le l'environnement social) occupe au moins un tiers du temps éveillé de l'enfant, ce qui équivaut à environ 25 heures par semaine (ou 3 à 4 heures par jour).

Mais savoir quelle « dose » minimum est nécessaire est loin d'être suffisant. La contrainte n'est guère envisageable : comment « obliger » l'enfant à parler telle langue tant « vouloir » et « pouvoir » sont mêlés en l'espèce ? La clef, dit par exemple le spécialiste François Grosjean, est de créer le besoin : puisqu'un enfant parle pour se faire comprendre, il faut créer des situations où il sait qu'il doit employer la langue minoritaire pour être compris. « De ce point de vue, le bilinguisme des parents est l'ennemi du bilinguisme des enfants » note Barbara Abdelilah-Bauer. Autrement dit, l'enfant privilégiera toujours l'efficacité (la facilité diront certains) et s'il sait que ses parents comprennent et parlent les deux langues, il aura tendance à leur parler dans la langue majoritaire.

Dès lors, les 25 heures par semaine ne seront atteintes que si l'enfant a réellement « besoin » de parler la langue en question pendant cette période. L'objectif est plus ou moins difficile à atteindre selon les situations :

Situation 1

Chaque parent parle sa langue maternelle (OPOL), mais l'enfant est scolarisé dans l'une des deux langues de ses parents. Ainsi, la langue majoritaire est d'autant plus renforcée à la maison. Le risque, c'est qu'elle prenne toute la place, et que la langue minoritaire parlée par un des parents soit comprise, mais peu parlée par l'enfant. La solution consiste à créer des situations où l'enfant n'a pas d'autres choix que de parler la langue minoritaire (via des vacances, des rencontres avec d'autres enfants ou membres de sa famille qui ne sont pas bilingues).

Situation 2

Chaque parent parle sa langue maternelle à la maison, et l'enfant est scolarisé dans une troisième langue. Dans ce cas, le principal « risque » est celui du déséquilibre, surtout si l'un des parents est beaucoup plus présent que l'autre. L'exposition à la langue du parent « minoritaire » risque de ne pas être suffisant pour lui permettre de la parler, et nécessite alors d'être renforcée activement.

Jessica Gourdon

- Livres : même pour les parents qui auront choisi la méthode « un parent une langue », le moment lecture peut se faire dans l'autre langue. A condition évidemment d'en être capable.
- Television & vidéo : là aussi un moyen pratique d'augmenter la dose...
- Babby-sitter : solution coûteuse mais efficace (voir p. 43)

Exposé ici ou sur les nombreux blogs qui dispensent leurs conseils en la matière, tout cela a l'air évident... Les parents qui ont essayé savent qu'il n'en est rien. Si, on l'a dit, tous les enfants apprennent sans difficulté la « langue majoritaire » (celle de l'école et de la société environnante), il n'en va pas de même des langues minoritaires. Les échecs existent. Comme celui que redoute Jill Williams, qui tente d'enseigner l'espagnol et le français à ses deux enfants, chez elle. Cette ancienne avocate américaine, reconvertie en mère au foyer, a déployé les gros moyens. A grands renforts de DVD, livres pour enfants, morceaux de musique, programmes informatiques et cartes, elle chemine lentement vers son objectif. Mais ne parlant pas elle-même le français, elle accuse le coup. « Là où nous habitons, à Tampa en Floride, il n'y a pas beaucoup de soutien pour les familles qui veulent que leurs enfants deviennent bilingues. J'ai recruté une tutrice de français qui est super, mais je ne peux pas me permettre financièrement de la faire venir tous les jours. Mes garçons ont pu découvrir le français, cela les a aidés pour leur compréhension et leur prononciation. Ils ont appris beaucoup de vocabulaire et leur diction est bien meilleure que la mienne. Mais, maintenant, je n'ai plus rien à leur offrir ». Ce cas des parents qui souhaitent apprendre à leurs enfants une langue qu'eux mêmes ne parlent pas fait figure d'exception. Dans ce cas, le soutien de l'école est sans doute indispensable. Denise, américaine, mariée à un Américain et équipée dit-elle « de la compétence linguistique de l'Américain moyen -c'est-à dire « nulle » », en est persuadée : si sa fille parle aujourd'hui le français presque aussi bien que l'anglais, c'est parce qu'elle est scolarisée dans un programme bilingue. « Pour notre aîné, nous avons bien essayé les groupes de jeux, les vidéos et tout le reste, mais ça n'a pas suffi : dès qu'il est entré à l'école, il a commencé à refuser de s'exprimer en français. »

PERSISTER

Denise aurait « bien aimé » que son aîné soit lui aussi bilingue mais, dit-elle, « lui ajouter des cours du soir et d'autres corvées n'en valait pas la peine ». Mais lorsque c'est la propre langue d'un parent qui est rejetée par l'enfant, les enjeux, sentimentaux ou psychologiques, sont plus importants. Trouver une solution contre le rejet devient alors essentiel. Et là, tous ceux qui y sont passés n'ont au fond qu'un conseil : ne pas abandonner la partie ! Sonia, qui a élevé deux enfants bilingues anglais et espagnol dans le Michigan, se souvient des moments épiques où, quoiqu'elle fasse ou dise, ses deux garçons persistaient à lui parler en anglais. « Je n'ai jamais lâché : je leur ai toujours répondu en espagnol. Et puis petit à petit, lorsqu'ils ont commencé à apprécier par exemple les voyages dans ma famille au Mexique, et à comprendre l'intérêt, ils ont recommencé à me parler en espagnol ! »

Pour aider à surmonter ce qui n'est souvent qu'une difficulté temporaire il faut d'abord se souvenir que l'enfant n'évolue pas seulement dans sa famille : le contexte social est crucial. « Cette période correspond en général à un moment où l'enfant, ou l'adolescent, est le plus sensible au regard des autres » note François Grosjean[1]. La famille, ou le parent de la langue minoritaire, doit alors faire face à ce puissant besoin de l'enfant de se fondre dans la masse, d'être comme tout le monde.

Chercheur lui-même, Stephen Caldas[2] en a fait l'expérience à travers ses trois enfants. Comme le chercheur allemand Herbert Leopold et d'autres, Stephen Caldas et son épouse Suzanne Caron-Caldas ont décidé d'utiliser leurs propres enfants comme cobayes... Suzanne et Stephen se sont rencontrés à l'université en Louisiane. Suzanne, Québecoise, y était venue étudier un semestre. Les deux jeunes gens se sont ensuite mariés, Stephen a appris le français. Et lorsque sont nés leur fils puis leurs deux jumelles, ils ont décidé qu'ils les élèveraient en français, tout en vivant dans un milieu exclusivement anglophone, en Louisiane.

Ils ont choisi la stratégie « MILAH », décidant qu'ils parleraient tous les deux français à leurs enfants, tout en les scolarisant dans des écoles monolingues anglophones. Mais très rapidement, dès l'école maternelle, nos deux parents-chercheurs s'aperçoivent que leur quête bilingue ne sera pas si simple : « John (leur aîné) développait une évidente préférence pour l'anglais et très vite il est devenu évident que lui parler français ne serait pas suffisant pour contre-balancer l'influence de son environnement anglophone ». Mais très rapidement, ils ont aussi trouvé la parade : les vacances au Québec. « Après deux semaines en immersion complète chez ses cousins francophones », le petit John revenait parlant parfaitement français et adoptant le français à la maison avec ses parents, avant de retourner à son monolinguisme têtu. Mieux encore : lors des vacances familiales au Québec, les enfants ne s'adressaient qu'en français à leurs parents, ce qu'ils refusaient de faire en Louisiane.

John développait en quelque sorte deux monolinguismes parallèles. L'influence de l'environnement, ou la volonté de l'enfant de se fondre dans la

---

[1] « Bilingual, Life and Reality » Harvard University Press, 2010.
[2] « Raising bilingual children in monolingual cultures », Multilingual Matters, 2006

à suivre page 41 →

Mon enfant va-t-il mélanger les langues ?

Oui et c'est normal ! C'est le processus de l'apprentissage. En termes scientifiques (et en anglais), on appelle ça « code switching ». Le plus souvent ce « mélange » est en fait une manière rationnelle de se faire comprendre. Julien est invité à une « playdate » ? Essayer de traduire cette expression américaine ne ferait que compliquer les choses et risquer l'incompréhension.

Le problème est que cette tendance naturelle à « mélanger » a longtemps été prise pour de la confusion, et explique une bonne part des réticences anciennes face au bilinguisme précoce. Le raisonnement est le suivant : l'enfant mélange, donc il ne maîtrise aucune langue correctement...

Ce raisonnement a heureusement disparu, au fur et à mesure que les avantages du bilinguisme sont devenus évidents. Au contraire d'être la marque d'une confusion, le mélange « est le fait d'enfants intelligents qui font preuve de compétence

cognitive, d'adaptation linguistique et d'aptitude sociale » résume Colin Baker (A Parent's and Teacher's Guide to bilinguism, Channel View Publications).

Ce mélange donc, ou plutôt ce processus de construction du langage, se manifeste de manière très différentes selon les enfants. Dès le stade des premiers mots certains sont capables de distinguer les deux langues et ne mélangent jamais. D'autres au contraire inventent des mots valises improbables (« gakie » pour gateau et cookie…). Plus tard (18 à 24 mois), lorsque l'enfant commence à faire des groupe de mots, le mélange est également fréquent (« mon ball »), puis également lors des premières phrases.

Encore une fois, tout cela est normal : l'enfant parle pour communiquer avec son entourage. S'il connait un mot dans une langue et pas dans l'autres, et sait qu'il sera compris, il « emprunte » ce mot à l'autre langue. De ce point de vue, l'ajout d'un mot anglais dans une phrase française (« je tombé hurt ») n'est pas plus problématique que le recours au langage enfantin (« je tombé bobo »)…

Aux alentours de deux ans, 90 % des « mélanges » sont en fait dus à un manque de vocabulaire note ainsi Colin Baker. Bébé tente, expérimente. Il apprend !

Des chercheurs ont même montré que dès ce jeune âge les enfants ont conscience de ce « mélange » : ils s'y laissent aller dans le cadre familial, par efficacité, pour aller plus vite, mais adoptent le monolinguisme à l'extérieur de la famille.

Dans la quasi totalité des cas, la tendance au mélange diminue quand l'enfant grandit. Petit à petit, il se rend compte que la norme est monolingue. Une étude récente de l'université Concordia de Montreal réalisée par Krista Byers-Heinlein renforce cette interprétation en démontrant que plus les parents mélangent les langues dans leurs propres conversations avec leurs enfants, plus le vocabulaire des enfants avant 2 ans est réduit dans une langue donnée. Mais ce retard n'est que temporaire, d'où l'hypothèse de la chercheuse : « le mélange par les parents masquerait pour les enfants les indices qui leur permettent de réaliser qu'il connaissent deux langues, qui sont séparées ». Mais ils finiront pas s'en apercevoir. Toutes les études le montrent : mis à part quelques cas pathologiques, les enfants apprennent toujours à parler la langue dominante de leur environnement, et sans mélanger.

Emmanuel Saint-Martin

masse étaient tels qu'il refusait de parler français en Lousiane, malgré l'insistance de ses parents, mais à l'inverse ne parlait que français au Québec. Cette résistance pouvait même être particulièrement vive. Stephen Caldas raconte comment, à 10 ans, John pouvait répliquer furieusement à une demande de s'exprimer en français : « je peux parler la langue que je veux ». Et plus il avançait dans l'adolescence, moins il acceptait de parler français autour du dîner familial. Ses deux soeurs, pourtant scolarisées dans un programme bilingue d'immersion comme il en existe bon nombre en « pays cajun » en Louisiane, suivirent la même trajectoire, délaissant elles aussi le français en dehors de l'école.

Mais en réalité, tout au long de ces longues années de résistance et de « monolinguisme alterné », les enfants Caldas étaient en train de devenir des bilingues accomplis. Lorsque leur père publie son livre, en 2006, ils ont 18 et 20 ans et sont parfaitement bilingues, parlant le français sans une trace d'accent américain, ce qui n'était pas le cas quelques années plus tôt. Pour lui, c'est la preuve que la persévérance paie. En continuant à envoyer leurs enfants au Québec, pour des vacances familiales ou plus tard en camps de vacances, les parents ont assuré le minimum d'immersion qui, sont-ils convaincus, était nécessaire pour maintenir le français pendant les années de rébellion adolescente.

Les Caldas-Caron ont réussi leur expérience scientifique entamée vingt ans plus tôt ! Au moment de conclure, le chercheur a un mot à destination des parents qui veulent s'engager dans l'aventure : « je ne vais pas mentir, pour beaucoup de familles, élever des enfants bilingues est une tâche qui requiert beaucoup d'efforts (…) mais incontestablement ils apparaissent maintenant bien peu de choses au regard des immenses bénéfices ».

À CHACUN SA « FRENCH NANNY »

Liz Fuerstman voulait que ses enfants apprennent le français. Mais dans sa « *petite ville* » de Chappaqua dans le Westchester, c'est plus facile à dire qu'à faire. Les contacts avec la langue sont limités, surtout quand personne dans la famille n'a le français pour langue maternelle. Et dans cette situation-là, même la francophilie de Liz (ancienne « French major » à Columbia et étudiante à Paris pendant un an) n'y fait rien. « *L'alternative était d'aller en France pendant un an mais les enfants sont contre car ils seraient loin de leurs amis* » précise-t-elle.

Il y a deux ans, elle a sorti l'arme fatale : la jeune fille « au pair » française. Chaque été, Sophie Clary se joint donc à la famille pour enseigner le français de manière ludique. Jeux de société, cahiers de vacances, sorties en VF, sport. Les enfants adorent, et la maman est ravie : « *Ils s'habituent au rythme de la langue et apprennent des expressions qu'ils ne verraient pas à l'école*, dit-elle. *Comme 'chai pas'* ».

« *Les enfants m'ont montré certaines leçons scolaires qui étaient remplies de fautes et malheureusement pas axées sur la pratique du français dans des situations précises, et utiles*, ajoute Sophie Clary. *Mon but n'était pas qu'ils sachent décrire le temps qu'il fait ou qu'ils connaissent tous les mois de l'année en français, mais plutôt qu'ils soient capable de rencontrer des enfants français, de leur parler, sur le vocabulaire du jeu, du sport et des activités quotidiennes et qu'ils sachent exprimer qu'ils se sont fait mal, qu'ils ont soif ou faim avant tout le reste.* »

Dans le grand melting pot de New York et sa région, nombreux sont les parents qui, comme les Fuerstman, ont recours à des « nannies » ou « au pair » françaises pour exposer leur enfant à la langue et la culture de Molière. Les raisons citées sont diverses : certains, des Français, veulent encourager la pratique de la langue dans un environnement anglophone, notamment pour reconnecter les enfants à leurs racines. D'autres, des Américains, ont abandonné l'apprentissage de la langue il y a très longtemps et voudraient que leur enfant reprenne le flambeau. D'autres encore espèrent que le français leur ouvrira des portes à l'école et au travail. Résultat : sur les réseaux francophones en ligne comme New York in

French ou encore sur French Morning, les « recherche French nanny » font florès, et des organismes tels que UnPetit Monde ou The Baby Sitter's Guild, proposent aux parents intéressés les services de baby-sitters francophones.

« J'ai une amie qui paie sa baby-sitter, je crois, 45 dollars de l'heure pour parler deux-trois heures de français à son enfant de sept mois ! » s'exclame Brigitte Saint-Ouen, fondatrice de la galerie Gramercy 32 Fine Arts et organisatrice de « play dates » francophones pour les enfants de moins de cinq ans.

« *J'imagine qu'il y a beaucoup de parents qui ont mis leur enfant dans des programmes bilingues et qui aimeraient qu'ils aient un accent parfait, ce qui n'arrive pas toujours quand ils apprennent le français avec un prof américain* » avance Alia Farah, la « nounou » que Mme Saint-Ouen a recrutée. *Ou tout simplement parce que le français fait chic !* »

Le phénomène illustre non seulement la manière dont la mondialisation s'invite dans les familles, mais aussi un changement d'attitude envers le bilinguisme. Il y a vingt ans seulement, une « nanny » étrangère aurait été vue comme une source de confusion pour l'enfant.

Pourtant, certains parents interviewés disent que la place singulière de la « nanny » ou de l'« au pair » (ni maman ni prof) au sein de la famille les met dans une position de choix pour enseigner le français aux enfants. « *Le problème est qu'ils nous entendent parler anglais donc ils nous parlent anglais*, souligne Peggy Lavielle à propos de ses enfants de 7 et 4 ans. *Ce n'est pas le cas des jeunes filles au pair* », qui ne sont pas identifiées comme anglophones.

La « nounou », plus forte que le prof ? Pas sûr. La mission de nature temporaire et volatile de la « nanny » ne génère pas toujours la continuité nécessaire à l'apprentissage d'une langue étrangère - sauf en cas de tissage de liens durables avec la famille.

Par ailleurs, les parents rencontrés soulignent que rien ni personne ne pourra remplacer le cours de français à l'école. « *La nounou est idéale si on veut apprendre les bases, mais si on veut aller plus loin, comme apprendre la grammaire, il faut des cours* », affirme Denise El Chaar, maman américaine de trois enfants, dont deux scolarisés au Lycée français.

« *Last but not least* », les progrès de l'enfant dépendront de la discipline de la « *nounou* » et de sa capacité d'adaptation à des niveaux linguistiques et des degrés de motivation variables chez des enfants d'âges différents. La chasse à la « *super nanny* » peut donc s'avérer longue et coûteuse.

Alexis Buisson

Chapitre 3

Classe bilingue de PS 58 à New York (photo: Benjamin Petit)

GUIDE DE L'ÉDUCATION BILINGUE

Le bilinguisme comment ça marche à l'école ?

Il est loin le temps où une poignée de Lycées Français répartis dans les Etats-Unis suffisaient à accueillir le contingent d'expats français. Depuis quelques années, une révolution silencieuse de l'éducation bilingue (bien au-delà de la langue française) est en route. Désormais, une multitude de solutions s'offrent aux parents : écoles privées aux formules multiples, écoles publiques, « immersion », « transition »... Au-delà des expatriés de passage et pour lesquels il n'est pas question d'abandonner le système national qu'ils connaissent, il existe une multitude de situation, et de modèles d'écoles qui y correspondent.

Le système public américain, longtemps réticent sinon absent, semble se réveiller : on recense désormais 1032 programmes d'immersion bilingue publics à travers le pays (toutes langues confondues). Soit 95 % d'augmentation depuis 2006 ! Bref, au moment de choisir une école pour leurs rejetons, les parents ont désormais plus de choix que jamais.

EDUCATION BILINGUE : Y-A-T-IL UN MODÈLE IDÉAL ?

Par Alexis Buisson

Y-a-t-il une « bonne » manière d'enseigner le bilinguisme ? Si l'on regarde la cartographie de l'enseignement bilingue à New York, il faut croire que non. Au Lycée français de New York, les élèves sont plongés dans le français dès le primaire. Après tout, l'anglais est omniprésent en dehors de l'établissement de l'Upper East Side.

A Brooklyn, la recette est différente. PS 58, première école publique à lancer un programme d'immersion bilingue français-anglais, utilise le modèle dit « 50-50 », avec la moitié de l'enseignement dispensé en anglais et l'autre en français, dans la majorité des classes, mais fait du « 90-10 » (langue maternelle majoritaire) jusqu'à l'apprentissage de la lecture. Les enfants sont répartis dans des classes partagées entre francophones et anglophones. Non loin de là, dans une autre école publique, PS 133, on a fait au contraire le pari de deux classes séparées : une de francophones et l'autre d'anglophones, suivant des enseignements dans les deux langues de manière alternée. C'est le modèle dit du « side by side ».

En 2010, Shimon Waronker, un ancien des services secrets américains reconverti dans l'éducation, avait fait le pari d'ouvrir une école trilingue... avec des classes de 60 élèves. La New American Academy devait permettre à ses élèves d'apprendre l'anglais, le français et l'espagnol sous la supervision d'une équipe d'enseignants présents en permanence dans la salle de classe.

Enseigner le bilinguisme dans les écoles ressemble à une recette de cuisine : dans une salle de classe, mettez une bonne dose de français, ajoutez un soupçon d'anglais et mélangez le tout, laisser cuire pendant quelques années et votre enfant sera bilingue ! La réalité est bien entendu plus complexe. Et donc plus difficile à cerner. Quels sont les bénéfices de l'immersion bilingue ? Ses dangers ? Par quel miracle des écoles qui consacrent une portion minime de l'enseignement à l'anglais parviennent à former des élèves bilingues ? Quel est l'impact de la coexistence de deux langues dans une salle de classe sur les résultats scolaires ? La recherche n'a pas encore livré toutes les réponses.

L'éducation bilingue n'est pas une pratique nouvelle aux Etats-Unis. Au XVIIIe et XIXe siècle, les programmes bilingues d'allemands, de français ou de langues scandinaves étaient tolérés dans certains Etats, interdits dans d'autres. Plus tard, le bilinguisme a fait une première incursion officielle après la seconde Guerre Mondiale. Le lancement de Spoutnik par les Soviétiques a déclenché une réforme profonde du système éducatif américain, avec le développement de l'enseignement des langues étrangères notamment.

LE BILINGUISME PAR ASSIMILATION

Mais c'est l'immigration et la question de l'assimilation qui va réellement introduire le bilinguisme dans le système éducatif américain. Il s'agit d'aider les enfants des minorités à s'intégrer. En 1968, le Congrès adopte le « Bilingual Education Act », qui donne aux écoles publiques, sous forme de bourses, des fonds pour développer des programmes bilingues innovants à destination des enfants « *aux connaissances limitées en anglais* ». Un premier acquis qui sera consolidé six ans plus tard par l'arrêt « Lau vs Nichols » de la Cour Suprême des Etats-Unis. Résultat d'un recours collectif de la communauté chinoise de San Francisco, qui estimait être victime de discrimination en raison de l'absence d'options bilingues dans les écoles locales, la décision a entraîné la création de centres de soutien régionaux pour aider les écoles à prendre charge les non-anglophones et l'augmentation des crédits alloués aux districts scolaires pour développer des programmes spéciaux.

Nées des renouvellements du Bilingual Education Act sous les administrations successives, les classes dites de « transition » se sont développées. L'objectif de tels programmes, clairement assimilationnistes, était de permettre aux élèves non anglophones de basculer en douceur dans l'anglais en leur offrant des cours dans leur langue maternelle. Ils se déroulaient généralement sur deux ou trois ans (« early exit ») mais pouvaient aller jusqu'à six ans (« late exit »). L'anglais était progressivement introduit, jusqu'à ce que les participants atteignent le niveau nécessaire pour rejoindre une classe monolingue classique. Une marche forcée vers l'anglais qui correspondait à l'esprit de l'époque, les années 80, marquée par l'émergence de groupes « English Only » et la montée en puissance de la rhétorique nationaliste. « *C'est absolument mauvais et contre les concepts américains d'avoir un programme d'éducation bilingue ouvertement dédié à préserver les langues maternelles et à empêcher leurs locuteurs d'atteindre un bon niveau*

à suivre page 49 ➔

A Savoir

La théorie des seuils

Une des théories les plus communément admises sur le développement du bilinguisme et ses effets est celle que les linguistes appellent « la théorie des seuils » (développée notamment par Jim Cummins, de l'université de Toronto).

L'image employée est celle d'une maison à 3 étages :

- Au rez-de-chaussée, les enfants dont les compétences dans les deux langues sont **insuffisantes** par rapport à leur groupe d'âge. A ce stade, les effets du bilinguisme sont éventuellement négatifs (impossibilité de suivre à l'école par exemple).

- A l'étage intermédiaire, les enfants dont les compétences sont normales pour leur âge, mais **seulement dans une langue**. A ce niveau, les enfants n'ont en principe aucun désavantage ni avantage par rapport aux monolingues.

- A l'étage supérieur on trouve les enfants qui sont « **bilingues équilibrés** ». Leurs compétences sont celles d'enfants monolingues dans les deux langues. C'est à ce niveau qu'apparaissent les fameux avantages du bilinguisme.

Selon cette théorie, il existe donc deux seuils (entre le niveau 1 et le niveau 2 et entre le niveau 2 et le niveau 3) qui doivent être atteints pour pouvoir passer au niveau supérieur. Le coeur de la théorie des seuils est donc de souligner que pour pouvoir disposer de compétences élevées dans les deux langues il faut d'abord passer par le niveau intermédiaire, et donc maîtriser une des deux langues.

La théorie des seuils a des conséquences importantes quant à la construction des systèmes d'enseignement bilingue. Elle explique pourquoi la plupart des sytèmes « réellement bilingues » choisissent de donner la priorité à une langue dans les petites classes (maternelles), pour permettre de construire les fondations dans une des deux langues avant de pouvoir transférer ces compétences à la deuxième langue.

d'anglais pour qu'ils puissent aller sur le marché de travail et participer », déclarait Ronald Reagan en 1981.

Le terme de bilinguisme est donc employé quelque peu abusivement ici : l'objectif est clairement monolingue. Le bilinguisme est simplement vu comme une transition nécessaire. Mais même cette version allégée est trop pour certains : en 1998 la Californie adopte par référendum la Proposition 227, un texte qui donne un an maximum aux non-anglophones pour apprendre l'anglais dans des classes spécialisées et rejoindre le système scolaire classique. Ron Unz, l'homme politique à l'origine de la Proposition, estimait que les enfants passaient trop de temps dans le système bilingue. Tout simplement.

LE MODÈLE CANADIEN

De l'autre côté de la frontière, côté canadien, on avait plutôt l'opinion inverse. Au début des années 60, le Québec connaissait sa « Révolution tranquille », marquée par l'affirmation du français comme langue de travail. Dans les maisons cossues de Saint-Lambert, une bourgade tranquille de quelques milliers d'habitants dans la banlieue de Montréal, douze parents anglophones, réunis au sein du « St-Lambert Bilingual School Study Group », voulaient permettre à leurs enfants d'apprendre la langue de Molière. Il était devenu clair qu'ils ne pourraient pas réussir au Québec sans.

Ces parents ont donc décidé de partir à la recherche d'une école susceptible de proposer ce type d'enseignement. Déterminés, ils ont fait pression sur les conseils scolaires, veillé des nuits entières, embauché des professeurs, manifesté et, après deux ans de combat, sont parvenus à convaincre le board d'une petite école élémentaire anglophone, la Margaret Pendlebury Elementary School, de lancer en septembre 1965 un programme d'immersion en français. Vingt-et-un élèves y ont pris part. Objectif : à la fin de l'élémentaire, ils devaient pouvoir parler, écrire et lire en français tout en ayant les niveaux requis en anglais. Le curriculum suivi était celui de toutes les écoles anglophones, mais les outils pédagogiques étaient français. Les enseignants étaient francophones et traitaient les enfants comme s'ils l'étaient aussi.

Face au succès de la « Saint Lambert Experiment », suivie par le professeur Wallace Lambert, spécialiste du bilinguisme au sein du département de psychologie de l'université de McGill et le neurologue Wilder Penfield, un deuxième groupe rejoint l'école cinq ans après le lancement de l'immersion. Le modèle de Saint-Lambert s'est répandu au Canada. Quarante plus tard, 325.000 petits Canadiens étaient inscrits dans un programme d'immersion français-anglais, dont la moitié

à suivre page 52 →

A Savoir

Le jargon de l'éducation bilingue aux Etats-Unis

- **Immersion bilingue « two-way »** : deux langues sont enseignées à deux groupes d'élèves, l'un parlant l'anglais, l'autre parlant la « langue-cible ». Ce type de programme est de plus en plus populaire aux Etats-Unis.
- **Immersion bilingue « one way »** : deux langues sont enseignées à un seul groupe d'élèves. Ce type de programme s'adresse à des élèves qui parlent la langue majoritaire et vise à leur en apprendre une seconde.
- **Dual Language** : L'expression peut désigner une multitude de choses. Dans l'éducation publique, il est désormais souvent utilisé pour désigner les programmes d'immersion. « Dual Language » a progressivement remplacé le terme d'éducation bilingue en raison de la connotation négative de celle-ci aux Etats-Unis notamment à partir des années 1980 et l'idée que les supporters du bilinguisme refuseraient l'assimilation des populations immigrées.
- **Transition** (« transitional bilingual education ») : dans de tels programmes, la seconde langue est utilisée au service de l'apprentissage de l'anglais. L'anglais est progressivement introduit, jusqu'à ce que les participants atteignent le niveau nécessaire pour rejoindre une classe monolingue classique.
- **« Sortie précoce »** : La transition est dite « early exit » quand elle dure entre 2 et 5 ans.
- **« Sortie tardive »** (« late exit ») : même principe, sauf que la transition dure 6-7 ans.
- **English as a Second Language (ESL)** : c'est le nom des programmes destinés aux nouveaux arrivants, pour leur permettre de rattraper leur retard en anglais. Il n'a pas vocation à conduire au bilinguisme, mais à permettre le remplacement de la langue d'origine par l'anglais. On distingue :
  - « pull out » : l'enseignement a lieu en anglais dans des classes spéciales avec un enseignant d'ESL à temps plein.
  - ESL « pull out » : l'enfant est intégré dans une classe anglophone normale et reçoit des cours « de soutien » par un enseignant spécifique d'ESL.
- **Bilinguisme additif (« Additive bilingualism »)** : désigne les circonstances dans lequelles l'apprentissage d'une seconde langue permet d'acquérir des compétences supplémentaires sans interférer avec l'autre langue. C'est le but recherché par les programmes d'immersion bilingue.
- **Bilinguisme soustractif** : lorsque les circonstances de l'apprentissage de la seconde langue s'accompagne d'une diminution des compétences dans la première langue. C'est le cas par exemple des enfants immigrés dont la langue d'origine est progressivement remplacée par la langue du pays d'accueil si la première n'est pas activement entretenue.

Question

Les élèves des programmes bilingues sont-ils meilleurs à l'école que les autres ?

Oui !

Les chercheurs Wayne Thomas et Virginia Collier ont mené des dizaines d'études sur les programmes d'éducation bilingues aux Etats-Unis. L'une d'entre-elles (2010) a montré que les élèves inscrits dans ces sections à l'école primaire, dont l'anglais n'est pas la langue maternelle, étaient meilleurs en lecture (en anglais !) et en maths que les monolingues. Et ce, indépendamment de leur originale sociale ou d'autres facteurs discriminants.

« Dans la plupart des cas, au moment d'entrer au collège, les étudiants des programmes bilingues sont au moins un point au dessus en lecture et en maths par rapport aux élèves des programmes non bilingues », écrivent leurs auteurs. D'autres recherches ont montré que les élèves des classes bilingues obtenaient de meilleures notes (GPA) dans toutes les matières, par rapport aux élèves monolingues.

Comment l'expliquer ? La discipline mentale liée à l'apprentissage d'une seconde langue accroit la flexibilité intellectuelle, ce qui se traduit par de meilleures performances. « Plus l'exposition à la seconde langue est importante, plus les avantages cognitifs sont importants pour l'élèves », affirment les travaux de Fred Genesee, chercheur à l'université de McGill. Par ailleurs, le fait de connaître deux langues permet d'accéder à d'autres sources de connaissances outre que la langue elle-même (histoire, culture) et ainsi de développer ses capacités de réflexion, de pensée critique, et d'ouverture.

Fred Genesee cite également des études de confrères, montrant que les élèves des classes bilingues ont de plus fort taux de présence à l'école, de moindre taux d'abandon, et sont mieux intégrés dans leur établissement.

Toutefois, il apparait que l'avantage des bilingues sur les monolingues ne se reflète pas immédiatement. Au cours des premières années scolaires, les monolingues tendent à être meilleurs que les bilingues (que cela soit en maths, en lecture, ou en vocabulaire). La situation bascule à l'avantage des bilingues qu'en fin d'école élémentaire.

Jessica Gourdon

dans la région anglophone de l'Ontario. Aujourd'hui, au total, 10% des élèves inscrits dans les écoles anglophones au Canada apprennent le français.

Aux Etats-Unis, cette philosophie d'immersion fait aussi de timides débuts dans les années 1960, en marge du bilinguisme « d'assimilation » décrit plus haut. Parmi les écoles pionnières, la Coral Way School à Miami, qui a développé au début dès la décennie un programme anglais-espagnol pour accueillir les enfants d'immigrés cubains, et l'Ecole bilingue de Boston, une des premières écoles françaises aux Etats-Unis. En 1971, Culver City en Californie devient le premier district scolaire à faire le choix de l'immersion : dans les écoles primaires, presque tout le temps d'enseignement était dédié à l'espagnol, la place de l'anglais grandissant au fil des « grades » pour arriver à parité avec l'espagnol au 5th Grade (CM2). La même année était lancée la Oyster Bilingual School, à Washington DC, qui reste aujourd'hui l'une des écoles bilingues les plus réputées du pays.

IMMERSION « TWO WAY »

Dans ces programmes d'immersion bilingue dits « two way », chaque classe est composée de deux groupes linguistiques différents (à la différence des programmes dits « one way » ou un seul groupe suit l'enseignement). Les deux langues se complètent et s'enrichissent. Chaque école décide de la manière dont elle veut les articuler. Les modèles les plus fréquents sont « 50-50 » (les deux langues jouissent du même temps d'enseignement) ou « 90-10 » (90% de l'enseignement est dédié a la langue-cible). Ces pourcentages évoluent au fil des « grades ».

A l'Ecole bilingue de Boston, devenue International School of Boston, le modèle n'a pas changé depuis sa création en 1962, malgré son expansion. De simple kindergarten française, elle s'est transformée en école primaire, puis s'est étendue au secondaire pour accueillir aujourd'hui 600 élèves français, franco-américains et internationaux. Comme dans d'autres écoles bilingues, les élèves, francophones et anglophones, sont mélangés dès la maternelle. L'anglais n'y est enseigné que quelques heures par semaine jusqu'au CP. Puis, sa place s'accroît pour représenter 50% du temps d'enseignement, à égalité avec le français, au terme de l'élémentaire. « *Ce système permet aux enfants d'atteindre le meilleur niveau de bilinguisme. Par sa nature, il permet à la langue forte d'aider la langue faible. Nous essayons de garder les élèves aussi mélangés que possible car c'est comme ça qu'ils apprennent* », estime Peggy Kirkpatrick, enseignante de longue date au sein de l'école.

Ce genre de programme a le vent en poupe aux Etats-Unis. Au milieu des années 80, il y avait dans tout le pays 30 programmes d'immersion bilingue enregistrés officiellement. En 2002, le Center for Applied Linguistics (CAL) en dénombrait 266, près de 400 en 2005. En juillet 2014, il y avait 1.032 programmes d'immersion bilingue (+95% depuis 2006) dans vingt langues différentes sur le territoire américain, selon une étude du groupe Canadian Parents for French. Certes, on y trouve beaucoup de programmes anglais-espagnol (684) - surtout dans les écoles primaires publiques - mais les anglais-français ne sont pas en reste. Ils se hissent à la deuxième place du classement avec 126 programmes à plein temps, contre 96 pour le mandarin.

Raison de cet engouement : la recherche a révélé que les élèves inscrits dans ces programmes obtenaient les mêmes – voire de meilleurs – résultats aux tests standardisés que leur camarades à l'école « classique ». Plus motivés, les élèves de programmes d'immersion sont également moins susceptibles d'abandonner l'école. D'autres études pointent les bienfaits sociaux de ces programmes. Deux chercheurs, Wallace Lambert et Mary Cabazon, qui ont étudié le programme anglais-espagnol « Los Amigos » en Californie, ont remarqué que les élèves tendaient à développer plus de liens amicaux avec des personnes de couleurs de peau ou d'origines différentes. En outre, leurs meilleurs amis appartenaient, souvent, à des groupes ethniques différents du leur. Une autre étude, réalisée en 1993 sur les élèves latinos et philippins inscrits dans un programme bilingue coréen-anglais, montrait qu'ils avaient une meilleure estime de soi, ce qui donnait lieu à une plus grande motivation à travailler notamment.

Au sein de la salle de classe, les bénéfices sont réels, comme l'a montré une étude du Center for Applied Linguistics (CAL) de 2004. Pendant trois ans, le centre a suivi près de 500 élèves du 3rd au 5th Grade (de 8 à 10 ans) dans 11 programmes d'immersion anglais-espagnol à travers le pays. Il a trouvé que les anglophones et hispanophones avaient de très bons résultats d'anglais et d'espagnol à l'écrit, à l'oral et en lecture. Par ailleurs, les deux groupes avaient continué à développer leurs aptitudes linguistiques dans leur langue respective, ce qui suggère qu'un groupe n'a pas empêché la progression de l'autre.

Le modèle immersif « two way » serait-il donc le meilleur ? Pas si vite. De tels programmes sont par essence fragiles. Comment appliquer le modèle à la « middle-school » ? Que deviendra la seconde langue lorsque l'élève quittera le programme d'immersion ? On estime qu'il faut quatre à six ans pour que l'enfant tire les bénéfices de son immersion. Qu'en est-il s'il doit s'arrêter aux portes du collège ?

En outre, la pérennité de tels programmes dépendent de plusieurs facteurs, parfois hors du contrôle des établissements. A commencer par la motivation des parents. Aussi simple que cela puisse paraître, ces derniers doivent être prêts à aider leurs enfants à faire leurs devoirs. Mais cela se complique quand ces derniers sont dans une langue qui n'est pas la leur. Plusieurs méthodes existent pour impliquer les parents, comme le partage de documents ou de vidéos vues en classe, mais la tâche peut s'avérer ardue. L'étude de CAL montre d'ailleurs que si les deux groupes linguistiques progressent dans un cadre immersif, ils ne progressent pas de la même manière dans les différentes matières. A l'oral par exemple, le niveau des élèves anglophones en espagnol reste inférieur à celui des hispanophones en anglais. A l'écrit et en lecture, la situation est inversée : les anglophones se débrouillent aussi bien en espagnol que leurs camarades hispanophones, tandis que ces derniers sont nettement moins bons en anglais écrit et lu. Cette situation ne s'explique pas uniquement par l'enseignement, mais bien par les facteurs socio-économiques voire culturels à l'œuvre en dehors de l'école : les hispanophones viennent d'un milieu où l'éducation est moins formelle, davantage portée sur l'oral que l'écrit, tandis que les enfants anglophones tendent à venir de familles ou les parcours scolaires sont plus structurés. En d'autres termes, les programmes doivent s'adapter à des réalités qui dépassent la langue.

Autre défi : trouver des enseignants qualifiés, capables de monter des cours bilingues. Ces derniers ne courent pas les rues. Au Texas, où le nombre d'élèves non anglophones ne cesse d'augmenter, la pénurie se fait sentir. Même constat dans certains districts scolaires de l'Illinois, où la population hispanique continue de croitre. Le manque se fait également sentir dans les programmes d'immersion bilingues français-anglais dans les écoles publiques de New York. Ces programmes, gratuits, en plein boom depuis quelques années, ne cessent d'accueillir de nouveaux élèves, mais le recrutement des enseignants francophones ne suit pas.

« *Compte-tenu de ces paramètres, l'existence de tels programmes est un petit miracle*, glisse Beatriz Arias, professeur associé d'éducation bilingue à Arizona State University. *Les modèles « 90-10 » et « 50-50 » dépendent de la qualité des enseignants, de la capacité à trouver des moyens pédagogiques comme les livres et de l'engagement des parents* ».

Plus fondamentalement, la corrélation entre les bonnes performances scolaires observées chez les élèves de ces programmes et l'immersion n'est pas évidente. C'est en tout cas le postulat de la RAND Corporation, un think tank qui fournit des recherches et des analyses dans différents domaines de l'action publique, dont l'éducation. Un groupe de chercheurs issus de ce think tank et du groupe American Councils for International Education est actuellement en train de passer en revue des années de données, collectées dans les écoles bilingues et monolingues de Portland, pour comprendre le lien entre immersion et résultats scolaires. « *Les parents qui veulent une immersion bilingue pour leur enfants sont souvent très impliqués. D'où cette question : est-ce l'immersion qui entraine ces bons résultats ou est-ce l'environnement familial* », explique Jennifer Steele, co-directeur du projet.

Leur terrain de jeu, Portland, est idéal : là, les élèves sont ventilés dans les écoles par loterie après réception de leurs dossiers de candidature. En d'autres termes, les familles non sélectionnées dans les programmes d'immersion ont *a priori* le même degré de motivation et d'implication que celles qui ont été sélectionnées.

Des résultats partiels montrent que les élèves issus de l'immersion ont des résultats comparables aux « recalés » jusqu'au 5th Grade, puis les premiers se détachent très clairement en mathématiques et en lecture en anglais. « *L'une des raisons possibles pour ce retard est qu'ils ne transfèrent pas les acquis de la seconde langue en anglais tout de suite. Cela suggère que l'immersion met du temps à porter ses fruits et que cela vaut le coup de s'accrocher* », poursuit Jennifer Steele.

Bien entendu, une telle étude comporte des biais. Les enfants issus de programmes d'immersion de Portland tendent à venir de familles asiatiques, fortement impliquées dans l'éducation. Celles qui ne sont pas retenues dans ces programmes quittent le district, ce qui ne facilite la collecte de données. Mais, « *si nos données actuelles sont confirmées à la fin de l'étude, on pourra dire que l'immersion aide les enfants à progresser et que ces progrès ne sont pas déterminés par les familles. En tout cas dans la situation de Portland* ».

Et si, après tout, il n'y avait pas de recette miracle pour enseigner le bilinguisme ? Sommes-nous devenus trop obsédés par ces « modèles » qui magiquement transforment nos enfants en petits bilingues ? C'est l'avis d'Ofelia Garcia. Cette militante du bilinguisme, professeur au sein du Département d'éducation urbaine de CUNY, a écrit plusieurs livres pour expliquer l'éducation bilingue aux Américains. Dans son petit dernier, *Bilingual Education in the 21st Century : a global perspective*, elle fait un tour du monde de l'enseignement bilingue pour rappeler au lecteur que chaque pays à sa méthode. Bref, qu'elles sont toutes bonnes.

Pour elle, « 50-50 », « 90-10 », immersion totale ou partielle : les modèles d'éducation bilingue n'ont pas de sens. « *J'ai vu des écoles où la langue maternelle n'était enseignée que quelques heures par semaine parvenir à former des enfants bilingues*, explique-t-elle. *Car le proviseur, les enseignants parlaient la langue. Les enfants connaissaient la culture, les dates importantes de l'histoire du pays, les poèmes, la littérature... Tout l'ethos de l'école était voué au bilinguisme. Nul besoin d'être à 100% dans une langue pour la maitriser. Ce n'est pas le pourcentage qui est utile mais la valeur qu'on donne à la langue.* »

Avec un autre chercheur, Richard Otheguy, elle s'est rendue dans plusieurs écoles publiques à dominante cubaine du comté de Miami Dade en Floride. Ce qu'elle y a découvert a changé sa perspective sur l'éducation bilingue. Alors que l'espagnol était très peu enseigné pendant les heures de cours, il était omniprésent en dehors. Presque tout le personnel, du proviseur au concierge, était cubain, l'hymne national était chanté le matin (de même que la Star Spangled Banner) et les portraits de personnalités cubaines figuraient dans les couloirs. A la différence

à suivre page 57 ➜

Question

Les enfants bilingues sont-ils davantage prédisposés aux troubles du langage ?

Non ! Le bilinguisme était jadis pointé du doigt comme responsable de troubles ou retards du langage chez l'enfant. Aujourd'hui, toutes les recherches semblent prouver le contraire.

Les bilingues pas plus atteints que les monolingues

Toutes les recherches sur ce sujet montrent que le bilinguisme n'est pas « responsable » de troubles liés à la parole. Si certains enfants bilingues ont des troubles du langage, la proportion n'est pas plus élevée que chez les monolingues (on estime cette part autour de 15%, pour les enfants en âge préscolaire). De plus, la nature des problèmes n'est pas différente. Selon la chercheuse en psychologie Johanne Paradis (University of Alberta, Canada), les enfants bilingues atteints de troubles du langage présentent les mêmes altérations de la morphologie grammaticale que les monolingues.

Par ailleurs, il est intéressant de noter qu'un enfant qui apprend simultanément deux langues et qui a un retard de la communication aura le plus souvent un retard dans les deux langues, et produira des erreurs de la même importance.

Choisir une des deux langues : une fausse bonne idée

Dans ces situations de difficultés, certains praticiens hospitaliers ou enseignants conseillent à la famille de « choisir une langue » et de s'y tenir, afin d'aider l'enfant. Comme le rappelle Katryn Kohmer, de l'université du Minnesota, cette décision que certains considèrent « de bon sens » n'aurait en fait rien d'évident.

« Ces conseils ne prennent pas en considération le fait que les représentations des deux langages sont reliées neurologiquement », écrit la chercheuse. Le bilinguisme ne doit pas se considérer comme l'addition de deux langues, mais comme un seul système, avec deux lexiques liés et interdépendants. « De plus, lorsqu'on limite intentionnellement les opportunités qu'a un enfant de participer pleinement à tous les aspects de sa vie sociale, on nie les liens fondamentaux qui existent entre la communication, l'estime de soi, l'identification culturelle. Des aspects clés, qui sont à la base de toute intervention clinique. »

Les bilingues plus « fragiles » ?

Toutefois, des recherches ont montré que chez les bilingues, les troubles de l'apprentissage, s'ils ne sont pas plus fréquents, ont tendance à être plus sévères. La chercheuse Magali Kohl a étudié, à Paris, des populations d'enfants monolingues et bilingues présentant des troubles du langage. Dans son étude (parue en 2008 dans la revue La Psychiatrie de l'Enfant), elle a constaté que chez les bilingues, le problèmes liés au langage étaient plus souvent associés à des troubles du comportement, et le degré d'atteinte du langage plus important que chez les monolingues. Selon elle, le multilinguisme ne semble pas être un facteur prédisposant à l'apparition d'un trouble spécifique, mais plutôt « un indice de vulnérabilité » prédisposant à des « troubles psychiatriques précoces comportant une altération du langage ». En cause : des facteurs sociaux et psychologiques plus larges qui fragilisent les familles, liés aux défis que représentent l'immigration ou l'expatriation, l'intégration, le déracinement, un éventuel changement de statut social... Elle remarque aussi que les jeunes bilingues présentant des troubles du langage sont plus souvent des ainés que des cadets.

de beaucoup d'écoles publiques, l'espagnol était mis sur un pied d'égalité avec l'anglais. D'ailleurs, dans les établissements visités, Ofelia Garcia a remarqué qu'on ne parlait pas de « première » ou de « deuxième » langue - « *Ils parlent les deux langues* » lui ont rétorqué les directeurs d'école interrogés – et qu'il n'y avait pas non plus de classes de soutien scolaire pour remettre les élèves à niveau en anglais.

Spécialiste des programmes d'immersion « two way », Pam McCollum s'est intéressée à ce phénomène dans les années 90. Selon le cas analysé – une classe d'anglophones et d'hispanophones dans un collège bilingue – les élèves de ce second groupe tendaient à utiliser davantage l'anglais, car ils sentaient qu'il était plus valorisé par les enseignants que l'espagnol. Elle raconte que quand certains élèves du groupe anglophone ont obtenu de mauvais résultats aux examens d'anglais, les enseignants ont aussitôt réduit la place de l'espagnol dans le programme. De surcroit, les élèves anglophones qui tentaient de parler espagnol étaient encouragés tandis que les hispanophones qui pratiquaient un espagnol « non-scolaire » étaient réprimandés. Sans le savoir, l'école avait consacré l'anglais comme langue de pouvoir et relégué l'espagnol au rang de langue de seconde zone.

Même constat dans une école franco-américaine dans la banlieue de Philadelphie, qui a fait l'objet d'une étude en 2000. Son auteur, Heather Gayman, a observé que les enfants bilingues français-anglais utilisaient, curieusement, l'anglais pendant les périodes de récréation alors qu'ils savaient parler les deux langues. Francophones et anglophones avaient aussi tendance à se regrouper entre eux. Ce qui prouve que même une école qui officiellement se présente comme bilingue et biculturelle ne parvient pas toujours à créer les conditions d'un dialogue interculturel, renforçant sans le vouloir la prééminence d'une langue sur l'autre.

Séparer les deux langues, par matière, période ou enseignant, n'a pas grand sens, pour Mme Garcia. Selon elle, les enseignants des écoles ou programmes bilingues sont trop « rigides » dans leur approche, sanctionnant involontairement les élèves qui utilisent l'anglais quand ils ne devraient pas. Elle soutient par exemple, qu'en interdisant l'usage de l'anglais dans les créneaux réservés au français, les enseignants contraignent les enfants anglophones au silence, créant une situation de malaise au sein de la salle de classe.

VIVE LE MÉLANGE DES LANGUES !

Pour elle, le modèle idéal est celui qui laisse libre cours au « trans-language », un processus par lequel l'enfant puise dans ses deux langues pour se faire comprendre. Un bout de phrase en français, un autre en anglais, encore un autre en espagnol : toutes les langues sont bonnes pour s'exprimer. « Il y a des millions d'articles qui disent la même chose », souligne-t-elle en brandissant des travaux de recherche empilés sur son bureau à CUNY.

Parmi eux, elle cite Angel Lin, chercheuse sur le bilinguisme en Asie. Dans ses travaux, on trouve notamment une analyse de l'enseignement de l'anglais dans quatre classes hong-kongaises. Les élèves dans deux de ces classes trouvaient l'anglais ennuyeux, les autres l'adoraient. En se demandant pourquoi, au-delà de la qualité des enseignants, Lin s'est aperçue que l'anglais était apprécié dans les classes où les élèves étaient autorisés à parler dans leur langue maternelle et où l'enseignant lui-même n'hésitait pas à recourir au cantonais lors du cours. « *Il faut être flexible quant aux exigences linguistiques sur les enfants. Par exemple, dans une classe d'immersion, l'idée selon laquelle on va uniquement enseigner en français à un enfant qui ne parle pas français, de taire son anglais, endommage leur développement social, intellectuel et comportemental. Il va perdre sa voix*, poursuit Mme Garcia. *Les programmes d'immersion ont été créés dans les années 60 avec des règles très strictes, avec certains horaires consacrés à l'anglais et d'autres à la seconde langue. Mais les enfants fonctionnent différemment. En se jouant des règles, ils apprennent* ».

Le modèle idéal est-il fait de dosages, de paramétrages, ou au contraire, est-il souple et « désorganisé » ? Alors que de plus en plus de jeunes Américains rejoignent les écoles et les programmes bilingues, la recherche pourra répondre avec plus de précision aux questions que pose l'essor du bilinguisme : l'acquisition de la seconde langue est-elle durable ? L'immersion dans un cadre bilingue permet-il de réduire le taux d'absentéisme au collège et au-delà ? Quels sont les taux de réussite de groupes sous-représentés dans ces programmes, comme les Afro-américains ? Et enfin, comment concevoir et évaluer des programmes qui s'adressent à des élèves dont la langue n'est pas basée sur l'alphabet latin ?

« *Les chercheurs ne sont pas d'accord sur l'efficacité de ces types d'éducation bilingue car il n'y pas consensus sur les objectifs : si l'objectif est de développer l'anglais, un programme de « transition » marche. Si l'objectif est de former des individus bilingues et capables d'écrire dans les deux langues, le « two way » est sans doute le meilleur. Mais tout cela dépend de la population : dans un quartier exclusivement français, mieux vaut opter pour un « one way ». Dans un quartier mixte, pour un « two way »*, résume-t-elle. *Chaque ville, chaque quartier, chaque groupe de parents a des besoins différents. Avant de lancer un programme, il faut se demander qui sont les élèves, quel est le profil de la communauté, quelle langue parle-t-elle et quelles sont les ressources. L'éducation bilingue est comme un arbre : vous ne pouvez pas le planter dans un terre différente sans faire des adaptations.* »

Question

Les bilingues apprennent-ils plus facilement d'autres langues ?

Oui, et pour différentes raisons.

Ils ont moins peur

Avant tout, le bilingue sait qu'il est possible, et pas si difficile, d'apprendre une autre langue. Le facteur psychologique est en effet déterminant dans la capacité à parler une nouvelle langue. Tenter de s'exprimer, au risque de ne pas se faire comprendre, faire des approximations ou se tromper de mots : pour certains, il s'agit d'une épreuve difficile, tandis que d'autres se jettent à l'eau plus facilement. Les bilingues font partie de ceux-ci. Plusieurs études ont montré que les individus qui grandissent dans un environnement bilingue sont plus à l'aise avec la notion d'ambiguïté, qu'ils ne perçoivent pas comme un élément négatif. Ils acceptent mieux l'idée de comprendre un énoncé globalement et pas mot pour mot, de deviner le sens d'une phrase. Ou encore de reproduire un mot entendu sans savoir comment il s'écrit. Dans une stratégie d'apprentissage d'une nouvelle langue, ce niveau important de « tolérance à l'ambiguïté » est un atout, rappellent les travaux du chercheur Jean-Marc Dewaele (University of London).

Ils comprennent mieux comment se structure une langue

Des études ont montré que les enfants déjà multilingues sont plus persistants et plus efficaces que les monolingues lorsqu'ils tentent d'apprendre une LV3 ou une LV4. Les bilingues ont une plus grande conscience de la manière dont se structure une langue (organisation des phrases, identification des accents toniques, construction des mots). Ces compétences, nécessaires pour apprendre n'importe quelle langue, peuvent se transférer d'une langue à l'autre, selon le chercheur australien et spécialiste du bilinguisme Michael Clyne. Plus on apprend de langues, plus le « schéma d'apprentissage » se renforce et peut être dupliqué.

Ils perçoivent mieux les différences de sons

Les bilingues « attrapent » plus les accents dans les nouvelles langues qu'ils apprennent. Nombre d'études ont montré que les premiers mois, les bébés sont des éponges et différencient des sons dans des langues étrangères que les adultes n'arrivent pas à percevoir. Laura Pettito, une chercheuse canadienne, a mis en évidence que cet avantage persistait chez les bilingues. Cette capacité à mieux « entendre » leur permet de reproduire mieux les sons, les tonalités, les accents lors de l'apprentissage d'une LV3.

Ils peuvent tisser des passerelles avec d'autres langues

Les langues d'une même famille sont plus faciles à assimiler que les langues qui nous sont lointaines. Ainsi, un enfant bilingue anglais-espagnol aura moins de problèmes à assimiler le portugais ou l'italien qu'un enfant qui ne parle qu'anglais : les structures des phrases, le vocabulaire, les conjugaisons des langues latines présentent de nombreux points communs, sur lesquels il pourra s'appuyer.

Jessica Gourdon

A Savoir

Le micmac des bacs

OIB, bac SE, IB : derrière ces sigles de baccalauréats à colorations internationales se cachent des réalités bien différentes. On vous aide à y voir plus clair.

Le bac option internationale (OIB)

L'option internationale du bac est une filière sélective et exigeante, préparée dans certains lycées en France et à l'étranger. Elle nécessite au préalable une très bonne connaissance d'une langue étrangère. L'OIB prépare bien aux admissions dans les universités étrangères, notamment américaines. Cette option est aussi appréciée par les établissements français sélectifs (classes prépas, écoles d'ingénieurs). Les trois sections générales (S, L, ES) sont possibles, et les élèves ont des cours supplémentaires en histoire, géo et littérature assurés dans la langue étrangère, et qui sortent du programme classique de terminale. Ces matières donnent lieu à des épreuves spécifiques au bac. Au total, quatorze sections sont proposées en France et dans le monde (allemande, américaine, arabe, britannique, chinoise, danoise, espagnole, italienne, japonaise, néerlandaise, polonaise, portugaise, russe et suédoise). Aux Etats-Unis, seuls huit établissements possèdent une section américaine de l'OIB : les lycées français de Chicago, New York, Washington, San Francisco, la Fasny dans le Westchester, l'école internationale de Boston, l'Awty School de Houston, et le lycée international de San Francisco. Le taux de réussite à ce bac est de 99%.

Le bac, section européenne (SE)

Les sections européennes sont des options proposées dans de nombreux collèges et lycées français, tout au long de la scolarité. Elles permettent à des élèves de différentes filières de suivre un de leurs enseignements (en général, l'histoire-géo) dans une autre langue. Le programme reste le même, seule la langue change. Les élèves passent un oral en plus lors des épreuves du bac, et obtiennent la mention « section européenne ». Il s'agit donc d'une option plus légère (et beaucoup plus répandue) que l'OIB. Ces sections touchent un public plus large que l'OIB, réservé aux bilingues ou quasi-bilingues. Elles permettent de se renforcer en langues grâce à une pratique plus importante. Sélectives, elles rassemblent généralement les « bons élèves » d'un lycée.

A Savoir

L'International Baccalaureate (IB)

L'international baccalaureate (ou « bac de Genève ») est un diplôme de l'IBO (International Baccalaureate Organization), une fondation suisse privée créée en 1968. Aux Etats-Unis, 834 lycées permettent à leurs élèves de le préparer. A New York, c'est le cas, par exemple, de l'UNIS (l'école des Nations Unies) ou de l'International School of Brooklyn. La fondation supervise le programme (qui n'a rien à voir avec le programme français), et qui est proposé en anglais, français et espagnol. Celui-ci est généraliste, exigeant, et particulièrement destiné à un public d'élèves internationaux, appelés à poursuivre leurs études à l'université. Seul hic : si aux Etats-Unis, l'IB permet d'intégrer la plupart des facs, en France, il n'est pas reconnu automatiquement comme l'équivalent du bac. Reste que parmi les institutions supérieures qui reconnaissent l'IB figurent des établissements prestigieux (comme HEC, Science Po, les lycées Sainte-Geneviève ou Pierre de Fermat). S'y ajoutent une poignée d'universités. Une liste est fournie sur le site de la fondation. Par ailleurs, l'IBO labellise des programmes pour le primaire et le secondaire, avec ses écoles conventionnées.

Jessica Gourdon

J'AI LANCÉ MON PROGRAMME BILINGUE

Par Alexis Buisson

En France, ils restaient gentiment derrière les grilles de l'école. A New York, ces parents français – et américains – sont devenus des lobbyistes redoutables pour le français à l'école.

Hélène Godec est une maman française heureuse à New York. Mais elle le serait encore plus si ces deux enfants, de 6 et 4 ans, pouvaient apprendre le français à l'école. Du coup, elle et un groupe de parents français et américains se sont retroussés les manches pour lancer un programme bilingue français-anglais dans une école publique à Manhattan. Depuis janvier, elle enchaine donc les rendez-vous avec les proviseurs, à la recherche d'une école-hôte. Pour l'aider dans sa mission, un argumentaire bien rodé et des chiffres, consignés dans une « feuille de route » élaborée par le groupe et des parents extérieurs. « *Quand je me suis lancée là-dedans, j'étais sceptique. Ma premier réaction était de dire : 'ce n'est pas possible, les parents n'ont pas une telle influence sur l'école. Et on m'a répondu : 't'es très française'* », se souvient-elle. *Aujourd'hui, nous comptons 150 parents intéressés* ».

La Française espère que son combat, comme d'autres militants du bilinguisme avant elle, portera ses fruits. Ailleurs dans la ville, l'effort a payé. Au total, sept écoles primaires (PS 58 à Carroll Gardens, PS 84 dans l'Upper West Side, PS 110 à Greenpoint, PS 20 à Fort Greene et PS 133 à Gowanus) et collèges publics new-yorkais (MS 51 à Carroll Gardens et MS 256 dans l'Upper West Side) proposent des programmes dits « d'immersion » français-anglais, comme celui que le groupe d'Hélène Godec veut lancer. Totalement gratuits, ils consistent en des classes composées pour moitié de jeunes francophones et pour moitié d'anglophones. Les cours sont enseignés par un ou plusieurs enseignants dans les deux langues. Partis de 24 enfants, ces programmes en comptent plus de 1.000 aujourd'hui. En 2012, un nouveau seuil a été franchi avec l'ouverture, dans le quartier d'Harlem, d'une école franco-américaine entièrement gratuite. La New York French American Charter School (NYFACS) ambitionne de préparer ses élèves - parmi lesquels des

Français, des Américains et Africains - aux grandes universités francophones et anglophones.

Ce désir de bilinguisme est né d'une insatisfaction. Pendant longtemps, l'apprentissage du français à New York fut l'apanage d'institutions privées comme le Lycée français, créé en 1935, la French American School of New York (FASNY) au nord de la ville et le Lyceum Kennedy, à Manhattan. Ces établissements d'excellence, homologués par l'Education nationale, coûtent cher et les listes d'attente sont longues. Les parents ont donc pris leur bâton de pèlerin. En 2005, ils ont lancé une association, EFNY (Education française New York) pour faire du « lobbying » auprès des écoles. Leur effort a permis l'ouverture du premier programme bilingue français-anglais, à PS 58 (Brooklyn) en 2007. Le mouvement est accompagné par l'Ambassade de France aux Etats-Unis, dont le service Education est basé à New York. Depuis son bureau dans les étages, l'attaché éducation Fabrice Jaumont coache les parents, facilite les rendez-vous avec les directeurs d'établissements, donne des conseils pour mobiliser. Il veut ouvrir pas moins de 60 programmes bilingues d'ici 2019. « *Il faut souligner que les familles françaises sont les moteurs de la création de ces programmes. Ce sont des entrepreneurs éducatifs. Ils montent au front. Ils apprennent le système, comment faire du*

lobbying, comment organiser des groupes. Ils découvrent qu'il y a des possibilités », raconte-t-il.

La « révolution bilingue », comme l'appelle Fabrice Jaumont a aussi ses limites. Les programmes bilingues manquent parfois d'enseignants français qualifiés. Les livres scolaires coûtent cher à importer. En décembre, l'Ambassade de France a lancé une campagne de levée de fonds sans précédent auprès des particuliers et des entreprises pour acheter du matériel pédagogique, financer des bourses pour la formation des enseignants, développer les programmes existants et implanter de nouveaux programmes dans les zones défavorisées. Objectif : récolter 2,8 million de dollars sur cinq ans.

La « révolution » dépend aussi de la motivation des révolutionnaires. Et lancer le bilinguisme dans les écoles est une mission difficile, ponctuée de revers et de désillusions. « *C'est extrêmement stimulant de monter des programmes bilingues, mais c'est aussi très fatiguant* », explique Talcott Camp, la responsable d'Education française New York (EFNY), l'association de parents d'élèves à l' origine des premiers programmes français-anglais.

« *Je conseille aux parents qui se lancent d'y croire*, raconte Virgil de Voldère, l'un des parents derrière le programme bilingue de PS 84 (Upper West Side). *De rassembler un maximum d'informations sur les parents avec des enfants entrant en K dans leur quartier et de démarcher directement les écoles. De demander de l'aide à EFNY et à l'Ambassade pour assimiler le projet, gagner du temps et élaborer la meilleure stratégie pour les réalités du quartier* ».

Pour Diana Limongi-Gabriel, les efforts n'ont pas encore payé. Cette Américaine mariée à un Français se mobilise depuis plusieurs mois pour ouvrir un programme bilingue dans le Queens (dans l'est de New York). Elle a contacté des écoles, rencontré des élus, distribué des dépliants et recruté 90 parents. « *C'est frustrant* », souffle-t-elle. Mais cette maman sait pourquoi elle se bat : son enfant Enzo. « *C'est pour mon fils que je fais tout ça. L'effort continue.* »

A Savoir

Technologies du bilinguisme

Sept programmes ou logiciels payants pour apprendre une deuxième langue dès le plus jeune âge.

Little pim
→ Cette application a été créée spécialement pour les tous petits (de 0 à 6 ans), tout au long de leur apprentissage un petit panda (« little pim ») les accompagne. Little Pim utilise beaucoup de vidéos de cinq minutes (pour pas que les enfants se déconcentrent) sur des thèmes qui plaisent aux enfants (manger, jouer, couleurs...)

KidSpeak (de 5 à 13 ans)
→ Le logiciel KidSpeak propose des activités interactives, des jeux ou encore des chansons. Les enfants sont accompagnés par un personnage dessiné qui ne communique avec eux que dans la langue enseignée, l'enfant lui ne doit que cliquer. L'accent est mis sur la prononciation, l'alphabet et la reconnaissance des mots et des phrases simples.

Dino Lingo
→ De petits dinosaures aident les enfants à progresser pendant toutes les étapes de l'apprentissage d'une langue. Le programme est organisé en trois étapes, chacune centrée sur un aspect qui permet à l'enfant de développer ses aptitudes.

Mia's Language Adventure (de 6 à 10 ans.)
→ Ce logiciel d'apprentissage des langues est construit comme un jeu d'aventure. Les consignes sont seulement en espagnol et en français pour le moment.

Rosetta Stone Homeschool (à partir de 8 ans)
→ C'est la star des logiciels d'apprentissage de langues ! Rosetta Stone Homeschool essaie de reproduire sur ordinateur une immersion dans la culture pour un apprentissage plus naturel. L'enfant apprend tout en expérimentant le monde qui l'entoure.

Powerspeak (à partir de 8 ans)
→ Le logiciel du Middlebury College offre des cours interactifs pour tous les niveaux. Les enfants gagnent de la monnaie digitale dès qu'ils finissent une leçon et ils peuvent l'utiliser pour acheter des friandises virtuelles.

Muzzy (jusqu'à 12 ans)
→ Les cours en ligne de langues de Muzzy, développés par la BBC, ciblent prioritairement les jeunes enfants. Le programme propose de nombreux jeux interactifs, des chansons, un accompagnement en anglais et ne lésine pas sur les animations et les personnages !

Duolingo (pour tous les âges, appli gratuite sur smartphones et tablettes)
→ Une application gratuite et de qualité. Elle se présente sous la forme d'un diagramme constitué de boites reliées entre elles avec un thème assigné à chacune de ces boîtes. Attention, pour passer à un autre thème, il faut d'abord avoir complété le ou les thèmes précédents. Seul bémol : cette appli n'est pas faite pour les tous petits.

QUAND IL FAUT FAIRE SANS L'ÉCOLE

Par Alexis Buisson

Trop cher, pas de place : l'école bilingue est un rêve inaccessible pour beaucoup de parents. Pour donner une seconde langue à leur enfant, ils s'improvisent tuteurs. Efficace ?

Devenir bilingue sans l'école est difficile, mais pas impossible. Au XXIème siècle, il est devenu beaucoup plus facile de se passer de l'école pour apprendre une seconde langue. Les nouvelles technologies ont apporté les langues étrangères dans tous les foyers américains. On les trouve à la télévision, au cinéma du coin, à la radio, sur les réseaux sociaux... Certains parents vont jusqu'à recruter une nounou ou une jeune fille au pair étrangère pour permettre à leur bout de chou d'acquérir une nouvelle langue (voir p.45). Ils ont la possibilité de les inscrire dans un after-school français ou un camp d'été francophone, qui font florès à New York et dans le reste des Etats-Unis. Enfin, ils peuvent suivre un programme d'e-learning comme Rosetta Stone ou le très populaire « Ingles Sin Barreras » pour les Hispaniques, qui promet d'enseigner l'anglais en dormant. Le marché est en plein boom. Rosetta Stone, leader du secteur, affichait en 2013 un chiffre d'affaires de plus de 264 millions de dollars. Et les experts estiment que le marché de l'e-learning des langues va peser plusieurs milliards de dollars dans les vingt années qui viennent.

Dans les années 90, la Californie a fait le pari de revitaliser certaines langues indigènes sans passer par la case « école ». Un groupe de spécialistes en langues a développé des programmes « Master-Apprentice ». Il s'agissait de former des tandems de jeunes élèves et de locuteurs natifs dans des situations de vie quotidienne, comme la cuisine ou le jardinage. Le mentor et son disciple devaient passer 300 heures par an ensemble. Le programme fut couronné de succès et progressivement étendu pour comprendre davantage de langues et plus d'heures de tandem. En Nouvelle-Zélande, cette approche fut utilisée par un groupe motivé de grand-mères pour revitaliser le Maori, parlé par une minorité du groupe indigène Maori.

Ce système, surnommé là-bas le « Language nest », a ensuite été utilisé à Hawaï et en Australie, où le gouvernement en a fait un programme pilote pour sauver des langues en déclin.

A New York, nombreuses sont les familles multilingues qui décident de se lancer dans l'enseignement des langues sans filet scolaire. Les raisons sont multiples : elles vont du coût de l'enseignement bilingue dans le privé au manque de place dans les écoles. Les familles dans cette situation le vivent au quotidien : apprendre une langue étrangère a des allures de parcours semés d'embuches... et de questions. Faut-il rester ferme sur la règle de l' « OPOL » ou peut-on se permettre des écarts ? (voir p.28 et suivantes) ? Que faire quand les enfants refusent tout simplement de parler la deuxième langue ? Comment réagir face à un enfant qui mélange les deux langues ? A quel point faut-il corriger leurs erreurs ? Faut-il s'inquiéter de voir leurs amis leur parler en anglais ? Peut-on vraiment faire l'économie de cours structurés, à l'école ?

De surcroit, toutes les langues ne sont pas égales en dehors de l'école. Jérôme Quentin, un Français de New York qui a épousé une Américaine d'origine pakistanaise, l'a constaté. En plus de l'anglais et du français, les enfants sont exposés via la famille de leur mère à l'ourdou. Mais de l'aveu même du papa, l'apprentissage est compliqué. « *Mon épouse essaye de faire des activités linguistiques avec eux, mais c'est une difficile. Il n'y a pas d'apprentissage prévu pour l'ourdou. On ne peut pas avoir des objectifs trop ambitieux. Il n'y pas de ressources en livres, de documents sonores ou visuels. Et les possibilités d'interaction sont limitées. Ma belle-mère a passé du temps avec nous en 2011 mais cela ne suffit pas. Accéder à une troisième langue avec le même niveau de compétence à l'écrit ou l'oral que la première n'est pas réalisable*, souligne-t-il. *Pour le français, il y a des ressources en ligne, Netflix, des bouquets de chaines françaises qui fleurissent... Je les ai abonné à des magazines, comme J'aime lire et Okapi, qui sont très bien. On a des tablettes. Tout ça, ça n'existe pas en ourdou* ».

Sur le français, en revanche, les Quentin n'ont pas lésiné sur les moyens. Lorsque Maël, l'ainé, est sorti du système bilingue à son entrée en middle-school, il a commencé à suivre les cours du CNED (Centre national d'enseignement a distance) « *le soir et le week-end* ». Pour autant, Jérôme Quentin ne pense pas que les parents devraient se substituer au professeur. « *J'ai un parcours d'enseignant. Est-ce qu'on peut demander à un parent de se substituer au tutorat ? Ca me semble aventureux.* »

Alors, apprendre une seconde langue à la maison, ça marche ou pas ? Le moins que l'on puisse dire, c'est que les spécialistes sont divisés sur cette question simple. L'environnement de la salle de classe, disent certains, génère de meilleurs niveaux de langue car elle expose l'élève de manière intensive et répétée à la langue, et surtout le confronte au feedback nécessaire pour qu'il progresse. Plusieurs études montrent en effet que les élèves qui suivent des cours de langue en milieu scolaire acquièrent les règles de grammaire et de syntaxe plus facilement (notamment les accords au pluriel et l'ordre des mots) et que l'apprentissage de la langue se fait plus rapidement.

D'autres disent en revanche que l'école n'offre pas un cadre épanouissant. Et que l'apprentissage dans les réseaux « informels » (groupes d'amis, famille...) a aussi des avantages. Il y a plusieurs années, deux chercheurs de l'université turque Gaziantep ont tenté d'en avoir le cœur net. Ils ont demandé à 29 Népalais apprenant l'anglais à l'école et 29 autres en dehors, essentiellement dans les rues de Katmandou ou lors d'expéditions en montagne, de décrire une série d'images sur l'histoire de Népal. Ils ont ensuite demandé à cinq juges, spécialistes du langage, de donner leurs appréciations. Leurs conclusions rassureront beaucoup de parents. Ils ont notamment trouvé que l'acquisition formelle et informelle d'une langue étrangère avaient chacune des avantages et inconvénients. Selon eux, la première méthode offrait de meilleurs résultats en termes de précision du vocabulaire employé. Ce groupe-là faisait également moins de fautes de grammaire. En revanche, l'anglais pratiqué par le second groupe était plus fluide, avec moins de pauses et de répétitions. Les auteurs attribuent ce décalage à l'accent mis, par le premier groupe, sur la précision grammaticale. Alors que les seconds avaient, eux, tendance à privilégier le fond plutôt que la forme.

Les chemins vers le bilinguisme sont divers aujourd'hui. Internet, e-learning : se passer de l'école semble devenu possible. Mais la bonne vieille salle de classe restera un passage obligé dans l'esprit de certains parents. *« Je ne peux pas être la maîtresse »*, lance Céline, une maman française de New York qui a inscrit son enfant dans l'un des nombreux programmes after-school français offerts à New York par l'association Education française New York (EFNY). L'after-school du groupe, lancé par des parents, se veut relativement académique. *« L'after-school leur permet d'apprendre des règles de grammaire, la lecture et surtout, de partager la langue avec d'autres francophones (...) Mais c'est clair qu'ils ne pourront pas devenir bilingues si la pratique à la maison ne suit pas »*, soutient la maman.

Comme beaucoup de couples binationaux, elle essaye de se rendre régulièrement en France pour plonger ses enfants dans la culture. Elle trouve dans le programme une porte d'entrée intéressante : *« Je sais qu'avec le programme il peut se construire toutes les semaines un petit monde en français. C'est important pour eux qu'ils comprennent leur maman et leur papa. »*

A Savoir

Enseignement français à distance

Plusieurs organismes et entreprises proposent un enseignement en français pour ceux qui ne sont pas en France. La méthode exige discpline et fort soutien familial, mais elle paie...

Hattemer Academy

Les cours à Hattemer sont destinés aux jeunes, de la maternelle jusqu'au lycée. L'offre va de la scolarité complète aux stages de pré-rentrée.

Site : hattemer-academy.com

CNED

Premier opérateur de formation à distance, fondé en 1939, le CNED reste incontournable. Chaque année, 226 100 personnes (dont deux tiers d'adultes) s'inscrivent aux quelques 500 formations et 3000 ateliers qui y sont disponibles. De l'école primaire à l'enseignement supérieur, en passant par les cours de remise à niveau et la préparation des concours, l'offre est vaste. Passer par le CNED, qui est un organisme public, est gratuit pour les moins de 16 ans.

Site : cned.fr

E-carel

Ce site de formation linguistique à distance est lié à l'université de Poitiers. Il propose des cours de français sous la supervision d'un tuteur, d'une durée totale de trente ou trente-cinq heures réparties sur quinze semaines.

Site : e-carel.org

Cours Legendre

Le Cours Legendre dispense une formation classique de niveau primaire, collège et lycée, entièrement en français. Les suppports de cours peuvent être envoyés en version numérique, afin d'éviter des frais de port trop élevés.

Site : cours-legendre.fr

Centre francophone d'éducation à distance

Cet organisme canadien basé à Edmonton propose des cours de français. Il est possible de choisir parmi six niveaux de formation.

Site : cfed.ca

Elycée

Ce site tout en anglais, s'adresse plutôt aux anglophones qui souhaitent apprendre le français. Mais il est également utilisé pour le « maintien de la langue ». Les cours à distance via skype sont dispensés par des « locuteurs de français » certifiés par le ministère de l'éducation nationale.

Site : elycee.com

Chapitre 4

GUIDE DE L'ÉDUCATION BILINGUE

Le bilinguisme, comment ça marche dans la vie ?

La moitié de la population mondiale est bilingue : beaucoup trop de monde pour prétendre qu'il y ait une homogénéité quelconque dans le peuple bilingue... Nous avons choisi de traiter ici de deux aspects spécifiques du « bilinguisme dans le monde » : les « global nomads », ces bilingues qui vivent dans des cultures majoritairement monolingues et le cas du « bilinguisme tardif », ou comment il n'est jamais trop tard.

LES ENFANTS BILINGUES, PLUS SOCIABLES MAIS PLUS SEULS ?

Par Jessica Gourdon

Sociables, ouverts, adaptables... mais parfois en décalage avec les autres jeunes de leur âge, ou porteur d'une tristesse intérieure cachée : voilà quelques caractéristiques récurrentes chez les enfants bilingues, selon l'analyse de Ruth Van Reken. Cette Américaine a consacré un livre de référence[1] aux « third culture kids » (TCK). Un concept né dans les années 50, qui englobe tous les jeunes ayant passé une partie de leur enfance dans une culture qui n'est pas celle de leurs parents. Et dont le bilinguisme et l'une des caractéristiques centrales. Leur « troisième culture » est ni celle de leur(s) origine(s), ni celle du pays d'accueil, mais celle qu'ils se construisent avec ces différentes composantes.

Dans la littérature spécialisée, le terme de « TCKs » a fait florès – il est d'ailleurs utilisé en alternance avec les expressions « global nomads kids » et « cross cultural kids ». Derrière ces concepts, une même idée : le fait d'avoir vécu à l'étranger à un âge où se forge le caractère influe sur la personnalité, tout au long de la vie. Et ce, peu importe le ou les pays dans lesquels l'enfant a été amené à résider.

PLUS GRANDE ADAPTABILITÉ

Qu'ont donc en commun ces « TCKs » ? Au delà de la maîtrise d'une ou plusieurs autres langues, ils témoignent de fortes capacités d'adaptation. « Chez mes filles, le changement, la mobilité – que ce soit la leur ou celle des autres – fait partie de leur vie, et rentre dans la normalité. Elles n'ont connu que cela », observe Véronique Martin-Place, auteur (Finding your feet in Chicago), et bloggeuse (www.expatforever.com), qui a vécu en Norvège, aux Etats-Unis et en Chine.

Même si au fond, nombre de ces enfants sont réticents au changement, ils développent face à ces situations une certaine assurance, une confiance à l'idée d'affronter l'inconnu. « Cela donne des jeunes très flexibles, ouverts, et qui osent prendre des risques », affirme Ruth Van Reken.

---

[1] « Third culture kids, growing up among worlds », Ruth Van Reken et David Pollock.

PLUS SOCIABLES, PLUS MATURES

Rien d'étonnant à ce que les « global nomads » soient également plus sociables que la moyenne des autres enfants. Ils se lient facilement aux autres, notamment parce qu'ils ont, vis à vis de la nouveauté, un attrait immédiat, et témoignent plus facilement d'empathie envers les autres. « Mes enfants ont été plusieurs fois les nouveaux dans des classes. Ils sont habitués à accueillir ceux qui arrivent, à les intégrer. Ils n'ont pas cette peur de la différence qu'ont parfois certains enfants », observe Valérie de Bretteville, qui a vécu en Allemagne, en Espagne et aux Etats-Unis avec ses cinq enfants, aujourd'hui âgés de 10 à 18 ans.

Un constat partagé par Sophie Le Jamtel, mère de quatre enfants, installée depuis 15 ans aux Etats-Unis après avoir vécu à Londres et Singapour : « Lorsque nous rentrons en France pour les vacances, je me rends compte que mes enfants vont plus spontanément parler à des autres enfants qu'ils ne connaissent pas. C'est plus facile pour eux que pour leurs cousins qui vivent en France »

Les TCKs témoigneraient également « d'une plus grande maturité, liée aux étapes qu'ils ont du franchir rapidement », affirme Ruth Van Reken. De plus, le mode de vie typique des expatriés, où les familles étrangères sont souvent amenées à se rencontrer entre-elles et où les visites sont fréquentes, les place en interaction plus régulière avec des adultes – ils sont ainsi plus à l'aise avec ces derniers. « A contrario, dans le monde non-mobile, les jeunes sont beaucoup plus en interaction avec leurs pairs qu'avec les adultes, et cela influence leurs comportements » affirme Robin Pascoe, dans son livre « Raising global nomads ».

OUVERTURE D'ESPRIT

Leur histoire personnelle conduit aussi ces jeunes à être plus ouverts au multiculturalisme, à avoir vision plus globale du monde. Alors que le bilinguisme fait partie de leur quotidien, ils apprennent vite qu'il n'y a pas une seule façon de désigner une chose, et par extension, de penser. D'autant plus qu'ils fréquentent souvent des écoles internationales. C'est ce qu'a constaté Valérie de Bretteville : « je crois que mes enfants ont une plus grande connaissance des réalités des autres pays. Ils ont des amis de différentes nationalités, et cela leur donne une grande ouverture d'esprit. Pour le moment, aucun de mes enfants ne souhaite poursuivre ses études en France. Ils ont l'impression que le cadre français est top étroit, trop peu ouvert sur le monde. »

Toutefois, si les third culture kids présentent de nombreux atouts pour vivre et travailler dans le monde actuel, ils doivent surmonter de lourds défis personnels. Le premier est celui de savoir qui ils sont, lorsqu'il est si difficile de répondre d'où ils viennent. « Etre un caméléon, c'est ne pas savoir qui l'on est véritablement.

Nombre de ces jeunes ont du mal à construire leur propres système de valeur face au mélange multiculturel auquel ils ont été exposés », note Ruth Van Reken.

C'est pourquoi beaucoup de familles d'expatriés attachent de l'importance à garder un ancrage, via une maison de famille, en France. « C'est quelque chose de très important pour mes enfants, ils en ont besoin pour se créer une attache, justifier le fait qu'ils soient français », remarque Sophie Le Jamtel, qui vit depuis quinze ans aux Etats-Unis. Le maintien de la langue française à la maison, les visites d'amis restés en France ou de grands-parents sont aussi des occasions pour maintenir le lien, et forger une identité.

Malgré cela, Véronique Martin-Place, qui a vécu trois ans aux Etats-Unis, reconnaît que le challenge est difficile. D'autant que les enfants peuvent vite se recréer une loyauté envers leur nouveau pays d'accueil. « Deux ans après notre arrivée à Chicago, nous avons regardé en famille les Jeux Olympiques. Ma fille de 10 ans attendait l'arrivée de « son » équipe, qui à ma grande surprise, n'était pas la française mais l'américaine ! Et quand un athlète se fit remettre une médaille d'or, elle chanta la main sur le cœur l'hymne américain. Je lui ai dit qu'elle pourrait aussi chanter la Marseillaise quand un Français gagnera. Elle m'a répondu : c'est quoi la Marseillaise ? J'étais abasourdie. On avait tant souhaité qu'elle soit bien intégrée aux Etats-Unis qu'on en avait oublié les fondamentaux français ! »

Les TCKs doivent aussi apprendre à gérer des pertes successives – au moment de leur départ ou celui de leurs amis. Des départs d'autant plus durs à vivre que pour ces enfants, leur sentiment d'appartenance n'est pas lié à une culture (ils ne s'identifient complètement à aucune) mais justement « aux liens qu'ils tissent avec les individus qui ont le même style de vie que le leur », explique Emmanuelle Niollet, psychologue spécialiste des problématiques d'expatriés.

« Les départs, c'est vraiment ce qu'il y a de plus difficile à vivre pour les enfants. Pour les grands, il y a maintenant Skype et Facebook pour rester en contact. Mais pour les plus petits, la perte est violente », remarque Sophie Le Jamtel. A la FASNY (à Mammaroneck, dans la banlieue de New York), l'école où sont scolarisés ses enfants, une psychologue intervient spécialement pour gérer les départs à la fin de l'année.

TRISTESSE INTÉRIEURE

Ce qui rassemble ainsi de nombreux TCK, c'est la présence d'une forme de chagrin ou de tristesse, souvent inexprimée, qui résulte de ces multiples pertes. Dans ce type de vie, « il y a toujours quelqu'un qui part, et qui manque, affirme dans son livre Robin Pascoe[1]. On considère que les enfants nomades traversent

---
[1] « Raising Global Nomads », Robin Pascoe.

à suivre page 76 →

Question

Le bilinguisme paie-t-il ?

Oui, dans la mesure où il est interprété de manière positive par les DRH. « Pour un jeune diplômé, le bilinguisme, c'est un avantage sur le CV. Cela donne un attrait supplémentaire au profil, et créé un premium à l'embauche. C'est particulièrement vrai pour les postes de commerciaux, pour pouvoir parler dans la langue des clients. En revanche, pour des postes de haut niveau, la différence ne se joue pas vraiment là-dessus », estime David Treussard, vice-président au cabinet DRH International, à New York.

Souvent, le bilinguisme se traduit en espèces sonnantes et trébuchantes. Aux Etats-Unis, la nécessité de parler plusieurs langues dans un emploi est typiquement associée à une prime de 5 à 20% du salaire, par rapport au même emploi qui ne nécessiterait de parler qu'une seule langue, selon les experts en recrutement de Salary.com.

Diverses études ont tenté de mesurer plus précisément ce différentiel. Dans un article de recherche publié en 2002, Amado Padilla, professeur à Stanford, a montré que les employés bilingues anglais-espagnol de diverses compagnies téléphoniques de Californie obtenaient 1 000 à 1 200 dollars de plus par an, par rapport à ceux qui ne devaient parler qu'une seule langue dans le cadre de leurs fonctions.

Une autre étude de l'université canadienne de Guelph (2010), réalisée à partir de statistiques du département du travail, trouve des écarts encore plus importants. Au Québec, les hommes qui doivent utiliser leur bilinguisme dans leur emploi sont payés en moyenne 21% que les autres, pour un même type de poste.

Mais le plus intéressant, c'est que les avantages d'être bilingue persistent même quand la personne n'a pas à utiliser sa deuxième langue dans son travail. Dans ce cas, les bilingues gagnent quand même 7% de plus que les monolingues. Pour l'auteur, cet avantage s'explique par le fait que les employeurs lient le bilinguisme à des qualités connexes : intelligence, habileté, persévérance, bonne éducation, capacité à évoluer dans des environnement complexes...

Manuelle Charbonneau, coach basée à Los Angeles, spécialiste du multiculturalisme, confirme : « *Le bilinguisme est souvent associé à une certaine ouverture d'esprit. Il donne une forme d'intelligence interculturelle qui rend les rapports avec les autres plus efficaces. Dans un contexte professionnel, c'est très intéressant. Et de par sa langue, un employé bilingue a accès à d'autres types de réseaux, qui peuvent être utiles à l'employeur.* »

en permanence des funérailles cachées. Si ces problèmes ne sont pas réglés, ils peuvent réapparaitre plus tard dans la vie ».

C'est ce qui explique que certains de ces jeunes ont parfois du mal à s'attacher et ou à développer des relations profondes, dans un mécanisme d'autoprotection. Certains cultivent un comportement d'observateur, de retrait. « Par exemple, ils refusent de s'engager dans des activités extrascolaires, ou de prendre des responsabilités, par peur de ne pas pouvoir aller jusqu'au bout, si un déménagement intervient au milieu de l'année. Ils se construisent des murs de protection, sans s'en rendre compte », constate Ruth Van Reken.

Pour Robin Pascoe, l'une des clés pour réussir, c'est d'accepter ces séparations : évoquer cette « tristesse », entretenir la mémoire des amis partis ou du pays quitté, laisser du temps pour les adieux. « Les départs sont toujours durs, et parfois, les enfants n'arrivent pas à exprimer le chagrin lié à ces changements. Pour des jeunes enfants, regretter le pays d'avant revient à nier la possibilité d'être heureux là où ils sont. Ils doivent apprendre à gérer ce paradoxe », suggère de son coté Ruth Van Reken.

DÉCALAGE

Au-delà de la question de l'identité et des départs, les TCK doivent surmonter d'autres défis. D'après une étude[1] réalisée par deux chercheuses auprès de 700 « global nomads » jeunes ou adultes, 90% des sondés affirment qu'ils ne se sentent « pas en phase » avec les personnes de leur âge. Et ce, tout au long de leur vie.

En effet, face à des personnes qui ont toujours vécu au même endroit, certains enfants bilingues passent pour arrogants, trop surs d'eux, voire fabulateurs. Une impression qui peut les isoler des autres. De plus, le relativisme culturel dont ces jeunes font souvent preuve peut agacer. « Certaines personnes peuvent juger avec méfiance ces jeunes qui semblent parfois n'avoir aucune conviction ou idée préconçue sur rien » note Ruth Van Reken.

CRISE D'ADOLESCENCE TARDIVE

Ce sentiment de décalage est particulièrement vivace entre 20 et 30 ans, au moment du choix d'une carrière, d'un partenaire, d'un mode de vie. Certains de ces jeunes sont considérés comme « d'éternels adolescents », n'arrivant pas à se fixer, à se décider sur ce qu'ils veulent faire de leur vie. On les accuse d'être trop centrés sur eux-mêmes, d'avoir « des goûts de luxe alors qu'ils n'ont pas de revenus »...

---

[1] Etude réalisée par Ann Baker et Ruth Hill (San Diego State University). A lire sur tckworld.com

à suivre page 79 ➔

A Savoir

Des ressources sur les global nomads

Family in Global Transition

Une agence de conseil sur l'expatriation, avec de nombreux liens et articles.
http://www.figt.org

Le site d'Emmanuelle Niollet

Site de cette psychologue française, spécialiste des problématiques liées aux expatriés. Plusieurs articles sur les TCKs (« enfants de troisième culture »)
http://psyexpat.wordpress.com

Le magazine Denizen

Magazine pour les TCK. Des dizaines articles de témoignages écrits par des TCKs, sur les défis qu'ils rencontrent dans leurs vies.
http://www.denizenmag.com

Inter-Ction

Organisme qui édite notamment des magazines sur les problématiques liées aux TCKs. Magazine trimestriel traitant des problématiques liées aux TCKs (fondé par Internation International).
http://www.interactionintl.org

TCKID

Association fondée en 2007 rassemblant des TCKs, et qui revendique 21 000 membres. Plusieurs groupes locaux, avec des rencontres régulières.
http://tckid.com

A Savoir

Quinze signes qui montrent que votre enfant est un TCK

1. Il n'aime pas répondre à la question « tu viens d'où ? » et l'expression « hometown » le laisse perplexe.
2. Il passe souvent d'une langue à l'autre au milieu d'une phrase. Même si vous le rappelez à l'ordre régulièrement.
3. Dans une même langue, il peut changer d'accent en fonction des personnes à qui il parle.
4. Il supporte au moins deux équipes pendant les Jeux Olympiques ou la Coupe du Monde.
5. Sur son profil Facebook, il a des amis qui vivent au moins sur trois continents différents.
6. Il est très tolérant et relativise toutes les différences culturelles
7. Il utilise Facetime, Skype, WhatsApp, Viber aussi bien avec les copains de son quartier qu'avec ceux qui vivent à 10 000 km, et discute parfois en pleine nuit avec ceux qui sont sur un autre fuseau horaire.
8. Il sait faire une valise depuis qu'il a trois ans, se repère dans un aéroport, et peut avoir une discussion sur les mérites des plateaux-repas et des écrans de telle ou telle compagnie aérienne.
9. On dit souvent de lui qu'il est très adaptable, et il se fond facilement dans un environnement inconnu.
10. La France, c'est le pays des vacances.
11. Il n'a pas vu les mêmes films, émissions ou dessins animés que ses cousins de France, et ne comprend pas toutes leurs références.
12. D'ailleurs, ses cousins français le trouvent parfois un peu snob.
13. Son anniversaire dure deux jours à cause des fuseaux horaires.
14. Il sait que les fins d'années scolaires sont tristes car elles riment avec fêtes d'adieux.
15. D'ailleurs, il déteste les au-revoir.

C'est ce que les deux chercheuses ont appelé « l'adolescence prolongée des TCKs ». « Dans un contexte où la famille nucléaire est l'unique repère, les adolescents ne peuvent pas se permettre de tester leurs parents de la même manière que s'ils étaient sédentaires. La période des transgressions et des rébellions a tendance à avoir lieu plus tard », indique la psychologue Emmanuelle Niollet.

Toutes ces difficultés surgissent notamment lorsqu'un adolescent retourne dans son pays d'origine pour démarrer ses études supérieures. « C'est souvent à cette époque que ces jeunes prennent vraiment conscience de leur différence », affirme Tina Quick, auteur d'un livre sur les Global Nomads à l'heure de l'université[1]. « Ils se sentent en décalage, ont du mal à se connecter avec leurs pairs. Cela peut parfois mener à de la dépression (…) Souvent, ces TCKS en connaissent plus sur la vie dans d'autres pays que sur la vie dans le pays dont ils ont la nationalité. C'est pourquoi, de retour au pays, beaucoup se lient d'amitiés avec d'autres jeunes ayant vécu le même type de parcours, où ayant des familles biculturelles. »

Sur Internet, il existe ainsi de nombreux magazines, pages Facebook ou communautés en lignes qui lient ces enfants d'expatriés partout dans le monde, relaient leurs questionnements, pratiques ou plus personnels. Mais lorsque le magazine Denizen, destiné aux TCKs, a demandé à 200 de ses lecteurs s'ils souhaiteraient élever leurs propres enfants de la manière dont ils ont grandi, la majorité a répondu oui.

---

[1] « Global Nomad Guide to University transition », Tina L. Quick.

Les « global nomads »: à la fois sociables et plus seuls… (photo: Guoqiang Xue)

A Savoir

Je suis célèbre et francophone (ou presque)

1. Jodie Foster

L'actrice a fait ses études au Lycée Français de Los Angeles, où elle a acquis un français impeccable, à en faire pâlir les habitants de l'Hexagone. Elle tient même à doubler tous ses films elle-même !

2. Bradley Cooper

L'acteur connu pour son rôle dans « Very Bad Trip » a appris le français lorsqu'il était encore étudiant. Il s'est rendu six mois dans une université près d'Aix-en-Provence. Là-bas, il vivait dans une famille d'accueil et n'a pas eu d'autre choix que s'immerger complètement dans la langue.

3. John Kerry

L'ancien candidat à la présidentielle américaine de 2004 est né d'une mère française (elle même issue d'une famille américaine). Il a passé beaucoup de temps dans le village da sa mère, à Saint-riac-sur-mer, et a été scolarisé en Suisse. Il maîtrise parfaitement notre langue.

4. Joseph Gordon-Lewitt

L'acteur de 32 ans a étudié la poésie française lorsqu'il était à Columbia. C'est un grand fan de Godard et de la Nouvelle Vague. Aujourd'hui, il ne perd pas une occasion de répondre à une interview dans la langue de Molière.

5. John Malkovich

L'acteur a la carrière prolifique a vécu pendant une dizaine d'années en France, dans le Vaucluse, avec sa famille, avant de retourner s'installer aux Etats-Unis. Il parle très bien le français, avec un léger accent toutefois. Il a même obtenu un Molière du metteur en scène pour « Good Canary », en 2008.

6. Jane Fonda

Actrice, productrice et réalisatrice américaine, Jane Fonda parle très bien notre langue puisqu'elle a été mariée pendant sept ans au réalisateur français Roger Vadim, avec qui elle a eu une fille, Vanessa.

7. Viggo Mortensen

Américain d'origine danoise, l'acteur, en plus de maîtriser à la perfection l'anglais, le danois et l'espagnol, s'est mis au français grâce à sa passion pour le hockey. Il raconte qu'il écoutait les match de l'équipe de Montréal à la radio, et que c'est ce qui l'a fait progresser.

8. Paul Auster

Les Européens adorent l'écrivain américain, les Français en particulier. Et pour cause, l'auteur de Brooklyn Follies et de la New York Trilogy parle le français parfaitement. Il faut dire qu'il a habité en France entre 1970 et 1974.

A Savoir

9. Marlon Brando

L'inoubliable interprète de Don Corleone dans le premier opus de la trilogie « Le Parrain » explique qu'il lui a fallu apprendre le français par nécessité, afin de pouvoir participer aux conversations dans les dîners ! Dans les années 60, il a acheté une ile en Polynésie Francaise, où il a vécu en intermittence pendant près de 20 ans.

10. Mitt Romney

Candidat malheureux à l'élection presidentielle de 2012, Mitt Romney parle français et serait un grand francophile (ce dont il ne se vante pas, ça fait mauvais effet auprès de son électorat). Le républicain a vécu en France quand Mai 68 a éclaté et a sillonné le pays au service de l'Église de Jésus-Christ des saints des derniers jours, ou l'église mormone. Malgré un accident de voiture qui a failli lui couter la vie, il a gardé de bons souvenirs... et de beaux restes de français.

11. Johny Depp

Ayant été pendant une décennie le compagnon de Vanessa Paradis, l'acteur a appris à bien se débrouiller en français. Il a vécu pendant plusieurs années en France.

12. Natalie Portman

Née à Jérusalem, l'actrice est bilingue en hébreu, et parle très bien espagnol et allemand. En plus de cela, elle se débrouille très bien en Français. Elle est d'ailleurs en couple avec l'un de nos compatriotes, le danseur Benjamin Millepied.

D'autres Américains forts en langues...

Gwyneth Paltrow

La belle actrice est bilingue en espagnol (elle a passé une année en Espagne lorsqu'elle était étudiante). Elle a aussi un bon niveau en français, duquel elle a pu témoigner lors d'interviews.

Sandra Bullock

L'actrice est bilingue en allemand : elle a vécu 12 ans à Nuremberg. Sa mère est une chanteuse d'opéra allemande. Elle s'exprime régulièrement dans cette langue.

Matt Damon

Adolescent, l'acteur a passé plusieurs étés en immersion dans des familles en Amérique latine, et a par la suite beaucoup voyagé dans cette région. De quoi lui permettre de parler parfaitement l'espagnol.

Ben Affleck

L'acteur a vécu au Mexique pendant un an alors qu'il était adolescent. Il a gardé la maîtrise de l'espagnol.

Léonardo Di Caprio

Leo di Caprio a appris à parler allemand via sa mère, originaire de ce pays. Il comprend bien cette langue, et la parle occasionnellement, lors d'interviews pour la presse allemande.

Toutes images © AbacaUsa

BILINGUE À TOUT ÂGE

Par Anne-Sophie Jouhanneau

Tout est-il perdu si vos enfants n'ont pas pris le train du bilinguisme à 6 ans ? On l'a dit, et vous l'avez lu dans ce guide, baigner tôt dans le bilinguisme est un don du ciel. Mais pour autant, le bilinguisme, ou même le multilinguisme, n'est pas, ne doit pas, être réservé à ces petits veinards nés au « bon » endroit des « bons » parents...

Selon François Grosjean, professeur spécialisé dans le bilinguisme et auteur de nombreux livres sur le sujet, un bilingue est une personne qui a l'usage de deux langues dans la vie de tous les jours[1]. Une définition beaucoup plus « inclusive » que celle qui veut qu'un bilingue parle ses deux langues avec le même niveau. Impossible, selon le professeur Grosjean. Les bilingues apprenant et utilisant leurs deux langues dans des contextes différents, avec des personnes différentes et dans des aspects de leur vie différents (à l'école vs. à la maison, par exemple), il est impossible de comparer leur niveau de connaissances. Tout comme on ne peut pas mettre en parallèle les capacités d'apprentissage d'une langue pendant l'enfance ou l'âge adulte. Les moyens d'expression, compétences en grammaire et le niveau de vocabulaire d'un adulte étant bien plus élevés, ses carences éventuelles dans une deuxième langue seront aussi plus remarquables. Prenons l'exemple d'un enfant de six ans qui a appris la langue du pays où il réside depuis sa naissance. A six ans, son vocabulaire reste restreint, sa grammaire approximative, sa façon de s'exprimer encore maladroite, ce qui est considéré comme tout à fait normal. Qu'en est-il d'un adulte qui apprend une deuxième langue depuis six ans ? Il est fort probable que, dans les mêmes circonstances d'apprentissage, son niveau d'expression dans sa langue d'adoption soit bien plus abouti.

Pourtant, la difficulté d'apprendre une seconde langue à l'âge adulte est une croyance bien ancrée dans notre société. Une étude réalisée en Espagne par la revue AILE (Acquisition et Interaction en Langue Etrangère) sur des parents d'enfants de moins de huit ans apprenant l'anglais montre que cette croyance populaire est si forte qu'elle est acceptée comme fait par la majorité des adultes, sans

---

[1] http://www.psychologytoday.com/blog/life-bilingual/201010/who-is-bilingual

preuve et sans doute possible. Les enfants apprennent naturellement, vite et sans aucun effort, et se souviennent plus facilement de ce qu'ils ont appris, affirment la majorité des parents interrogés. Parmi les hypothèses pour expliquer la difficulté à apprendre une langue à l'âge adulte, l'engourdissement mental, un cerveau moins alerte, la baisse de la mémoire, et le processus artificiel (à l'opposé de l'apprentissage « naturel » des enfants) sont les plus avancées. Aucune ne sont cependant justifiées, comme le démontrent un article de *Psychologies*[1]. La mémoire ne s'altère ni ne sature, y explique Michel Isingrini, spécialiste du vieillissement de la cognition adulte. Au contraire, plus on apprendre, plus on peut apprendre. Les adultes ont même un avantage important sur les enfants quand il s'agit d'apprendre : ils savent mettre en relation leurs nouvelles connaissances avec celles qu'ils possèdent déjà. Leur jugement et raisonnement étant plus affûtés, ils apprennent plus intelligemment, car ils savent utiliser ce qu'ils ont déjà appris, avance Bernard Croisile, neurologue et auteur de *Votre mémoire* (Larousse, 2004).

LES ADULTES APPRENNENT PLUS VITE!

Des faits mis en avant par une expérimentation réalisée par Sara Ferman et Avi Karni, respectivement de l'université de Tel Aviv et de l'université d'Haifa en Israël[2]. Pour mener leur étude, les deux chercheurs ont inventé une règle de grammaire d'une langue fictive. Selon cette règle, les verbes de la langue étaient prononcés différemment selon que leur objet était animé ou inanimé. Lors de leçons données pendant dix jours consécutifs, ils ont enseignés à des enfants de huit et douze ans, ainsi qu'à des jeunes adultes de 21 ans, la façon de prononcer des paires de noms et verbes sans jamais révéler explicitement la règle du sujet animé/inanimé. Les chercheurs ont observé que les trois groupes se sont améliorés avec le temps, mais que les jeunes de 21 ans ont appris plus vite et plus correctement que les deux autres groupes. Les enfants de huit ans ont fait le plus d'erreurs et se sont améliorés le moins ostensiblement, même après avoir reçu cinq leçons supplémentaires que les adultes. De plus, ils demeuraient incapables d'appliquer la règle à de nouveaux exemples. Les résultats de l'étude montrent que plus le sujet était âgé, mieux il reconnaissait la règle et était capable de l'appliquer rapidement et de l'utiliser dans d'autres exemples. Avec de telles conclusions, les chercheurs souhaitaient infirmer la notion selon laquelle les capacités d'apprentissage des enfants dépassent celles des adultes sur le long terme. Selon eux, « ces résultats suggèrent

---

[1] http://www.psychologies.com/Moi/Se-connaitre/Comportement/Articles-et-Dossiers/Il-n-y-a-pas-d-age-pour-apprendre
[2] http://blogs.edweek.org/edweek/inside-school-research/2011/07/study_older_students_may_learn.html

Benny Lewis parle 10 langues qu'il assure avoir apprises en 3 mois chaque...

que les mécanismes d'apprentissage de base ne se perdent pas avec l'âge en ce qui concerne l'apprentissage des langues »[1].

Les avantages des enfants sur les adultes ne sont donc peut-être pas aussi nombreux et justifiés que l'on veut bien le croire, mais la différence la plus tangible entre l'apprentissage à l'enfance et à l'adulte est indéniable : le temps de pratique. C'est en forgeant que l'on devient forgeron. Quelque soit l'âge auquel on a commencé à apprendre une langue, ce n'est qu'avec des mois, puis des années de pratique que l'on pourra s'améliorer dans l'espoir de pouvoir de parler couramment. Un avantage clair aux enfants qui ont été immergés dans une deuxième langue depuis leur plus jeune âge. Mais au-delà du temps, les barrières à l'apprentissage sont principalement d'ordre psychologique. Alors que l'enfant absorbe la langue dans laquelle il baigne, l'adulte a conscience d'apprendre. Un enfant est encouragé, valorisé, et apprend d'abord en jouant. Il n'a pas conscience de faire des erreurs et personne ne viendra lui reprocher. Ce qui n'est pas le cas pour les adultes. Avec la conscience d'apprendre vient la crainte de l'échec, la peur de ne pas y arriver, l'embarras devant les inévitables erreurs commises. « La peur est le principal obstacle à l'apprentissage des adultes », explique André Giordan, physiologiste et directeur du Laboratoire de didactique et d'épistémologie de Genève. « Apprendre est déstabilisant, et nous renvoie à nos limites, à nos phobies, à nos doutes. Ce n'est pas le cas dans l'enfance. ». Une peur dont on peut s'affranchir, mais seulement à condition d'y mettre le temps, l'énergie et la motivation nécessaire à l'apprentissage d'une langue étrangère.

C'est ce que s'évertue à prouver Benny Lewis, un irlandais qui parlait uniquement l'anglais à 21 ans. Peu doué pour les langues à l'école, il prend plaisir à préciser qu'enfant, il avait même dû consulter un orthophoniste, ayant déjà des difficultés

---

[1] http ://www.plosone.org/article/info%3Adoi%2F10.1371%2Fjournal.pone.0013648

à suivre page 87 ➔

Question

Pourquoi les Français ont-ils du mal avec l'anglais ?

Sorry for the time ! » lançait Nicolas Sarkozy à Hillary Clinton à l'Elysée en 2010, sous la pluie. C'est bien connu, les Français sont en froid avec l'anglais. Dans le rapport annuel du TOEFL, en 2013, la France est 26ème sur 43 pays européens, largement derrière l'Allemagne et la Belgique. Pourquoi les Français boudent-ils la langue de Shakespeare ?

La faute aux professeurs

A l'école primaire, la maîtrise d'une langue étrangère n'a jamais été une priorité, à l'exception de quelques écoles privées et malgré une succession de « réformes » qui promettaient l'anglais au primaire.

Même si selon la Conférence des Grandes Ecoles (CGE), « entre un quart et un tiers des cours » dans le supérieur sont en anglais, ce qui pèche, c'est la méthode d'enseignement. Contrairement aux pays nordiques, les professeurs français privilégient une approche cognitive de l'anglais, c'est-à-dire centrée sur le système grammatical. L'élève connaît ses verbes irréguliers, mais quant à faire la conversation, c'est une toute autre histoire...

La faute à l'accent

Le Français serait-il trop timide pour s'exprimer à l'oral ? Une enquête de Cadremploi réalisée en septembre 2013 révèle que près de la moitié des cadres ont du mal à prendre la parole en anglais. Par peur du ridicule ? Dans une interview au Point en 2012, le fondateur de l'Oxford Intensive School of English (OISE), Till Gins, explique que « Le Français n'est pas mauvais en langues », mais « qu'il a le plus grand mal à se lancer à l'oral, à prendre des risques, à se faire confiance. »

Pas facile non plus de parler « littéralement ». Comme le rappelle l'article de Slate (« Les Français sont nuls en anglais : peuvent-ils s'améliorer ? »), la phonétique y est pour beaucoup. Le Français en effet prononce de la même manière « beach » et « bitch », ou « sheet » et « shit »... Mais qu'en est-il des Québécois, très à l'aise dans la prononciation ?

La faute à la culture

C'est là que le bât blesse. La mentalité nationale a tendance à évincer l'anglais, même de ses programmes télé. Alors que les pays anglo-saxons et scandinaves diffusent films et séries en VO, la France, l'Italie, l'Espagne et l'Allemagne préfèrent le bon vieux doublage. Regarder un programme en VO ou en VOST reste pourtant ce qu'il y a de mieux pour apprendre à parler l'anglais de tous les jours.

La faute aux Français

Et si être nul en français était finalement une bonne chose ? Après tout l'accent « frenchy » a la cote auprès des Américains, et dans le monde entier, d'après un sondage d'octobre 2013 réalisé par Hotel.com.

Et puis après tout, la langue française « est de toutes les langues la seule qui ait une probité attachée à son génie »... C'est Rivarol qui le dit. Certes c'était au XVIIIè siècle...

Emeline Cocq

A Savoir

10 principes pour apprendre en 6 mois

Apprendre une langue en 6 mois

On ne vous garantit pas le succès, mais voici, issu d'une compilation de différents "gourous" du langage, les grands principes à respecter:

1. Ecoutez, écoutez, écoutez, même si vous ne comprenez rien (immergez votre cerveau)
2. Cherchez à comprendre le sens d'abord (par le contexte, les gestes, etc) avant de chercher à comprendre les mots
3. Mélangez dès que vous pouvez. Osez! 10 verbes, 10 noms et 10 adjectifs, et vous pouvez faire 1000 phrases...
4. Concentrez-vous sur l'essentiel: en anglais, 1000 mots couvrent 85 % de ce qui est utilisé dans la vie quotidienne. C'est peu!
5. Comme pour les bébés, il vous faut "un parent", quelqu'un qui cherchera à vous comprendre même quand vous balbutiez, qui ne cherchera pas à vous corriger, répétera quand il aura compris, utilisera des mots que vous connaissez. Mauvaise nouvelle: l'expérience prouve que les conjoints font de piètres aides à l'apprentissge...
6. Singez: regardez des locuteurs natifs, en vrai ou en vidéo et tentez d'imiter les mouvements de la bouche, du visage. Les muscles sont essentiels au langage!
7. Ayez conscience de ce qu'un mot égale une image mentale: tout ce que vous savez correspond à une image dans votre cerveau. Pas un mot dans le dictionnaire. En prendre conscience vous aidera à vous débarasser de l'étape "traduction".

On n'a pas dit que c'était simple. Mais que vous pouviez, avec les efforts nécessaires, apprendre vite.

avec sa langue maternelle. Dix ans plus tard, pendant lesquels il a voyagé non-stop dans plus de vingt-trois pays, il parle dix langues couramment (dont le mandarin, l'allemand, le portugais et l'esperanto), rédige un blog dédié à l'apprentissage des langues qui est le plus consulté au monde sur le sujet et a fait du *language hacking* (piratage de langue) sa profession. Sur son site, www.fluentinthreemonths.com, il raconte son expérience et prodigue de précieux pour apprendre une langue étrangère. La première étape de sa méthode : se créer un besoin de parler la langue. Une conviction partagée par François Grosjean, l'expert international en bilinguisme, qui rappelle que, contrairement aux croyances, la majorité des bilingues ne le sont pas depuis leur plus jeune âge. De nombreux adultes deviennent bilingues par besoin : suite à une émigration, un emploi requérant de parler une nouvelle langue, des contacts réguliers avec des personnes de langue étrangère ou un mariage inter-nationalité. Le « besoin » d'apprendre une langue, voilà le plus puissant des déclencheurs. C'est lui qui va engendrer la motivation, la prise de temps et l'énergie nécessaire à l'apprentissage. François Grosjean avance même que, pour les bilingues, la connaissance de chacune de leurs langues est directement liée au niveau auquel ils en ont besoin. C'est pourquoi, selon lui, il n'existe pas un bilinguisme, chaque bilingue l'est à sa façon. Certains ont une langue dominante, d'autres une grammaire excellente dans l'une mais savent mieux parler l'autre, certains ont un accent dans seulement une des langues, les autres, dans leurs deux langues, certains travaillent dans une langue mais parlent dans l'autre avec leur famille... Un seul critère reste constant : le niveau acquis répond bel et bien à un besoin.

Rien de nouveau là-dedans, la façon la plus évidente de se créer ce besoin d'apprendre et de parler une langue est de séjourner dans un des pays où elle est parlée. Une immersion totale est bien plus efficace que des années passées sur les bancs de l'école ou le nez dans des manuels de langue, tout le monde ou presque s'accorde là-dessus. Mais une immersion totale ne se signifie pas uniquement vivre dans le pays en question. C'est ce qu'a constaté Benny Lewis lors d'un séjour en Espagne, la première étape de son périple, où il tentait en vain d'apprendre l'espagnol. Après six mois de cours intensifs à Valence, ses faibles connaissances en espagnol stagnaient. Même en vivant dans le pays en question, il restait trop facile pour lui de parler anglais avec d'autres expatriés, de se contenter de quelques phrases déjà maîtrisées et de se convaincre qu'il était définitivement trop difficile d'apprendre une langue étrangère. Mais une chose ne lui manquait pas : la motivation de parler couramment avant de repartir d'Espagne. Il a alors décidé d'adopter une nouvelle technique : arrêter de parler anglais. Plus un mot de sa langue maternelle, pendant un mois. Malgré des bases encore fragiles et un vocabulaire pauvre, chaque instant se déroulerait en espagnol, quoi qu'il lui en coûterait.

JE DOIS PARLER

Cette expérimentation a été un vrai déclic pour lui et a signalé le début de son polyglottisme. Il ne s'agissait pas de don inné, ni d'études poussées, de révisions de grammaire ou d'apprentissage de liste de vocabulaire. Avec ce petit exercice, qui, comme il le dit, a été un mois de frustrations intenses qui l'ont conduites aux meilleures années de sa vie, il avait réussi à dépasser les principaux obstacles de l'apprentissage d'une langue à l'âge adulte : accepter de ne pas parler parfaitement, oser faire des erreurs et s'affranchir de la peur qui empêche d'avancer. Et en changeant sa mentalité du « je veux parler espagnol » à « je dois parler espagnol », il avait découvert la façon dont il allait apprendre les huit autres langues qu'il parle désormais couramment. Pourtant, même s'il a choisi une vie de globe-trotter permanent, il reste convaincu que l'on peut apprendre une langue de n'importe où, les nouvelles technologies facilitant bien évidemment la tâche. Rencontrer virtuellement des gens du monde entier n'a jamais été aussi facile et des conversations régulières par Skype avec un natif de la langue que l'on souhaite apprendre peuvent s'avérer tout aussi, voire plus, productives qu'un séjour sur place. Il ne faut pas non plus sous-estimer le nombre d'expatriés et d'étrangers parlant d'autres langues autour de nous. Des sorties de polyglottes du Polyglot Club[1] aux soirées d'expatriés qui ne demandent rien de mieux que de rencontrer des « locaux », les occasions de pratiquer une langue étrangère à domicile sont nombreuses, à condition, encore une fois, d'être véritablement motivé.

    Car si le bilinguisme n'est pas contraint par l'âge ou par quelque don inné, c'est bien l'attitude de l'étudiant qui forge l'apprentissage de la langue. Avoir confiance en soi, se lancer sans parler parfaitement (comme le font les enfants !), oser faire des erreurs, comprendre même, que c'est en faisant des erreurs que l'on affine son apprentissage, sont des traits de personnalité nécessaires. La quête du bilinguisme appelle donc avant tout un certain état d'esprit : se montrer curieux et poser des questions pour enrichir son vocabulaire, accepter de penser différemment (on ne forme pas les phrases de la même manière en anglais qu'en français, par exemple) pour « débloquer » la grammaire, et démontrer une certaine ouverture d'esprit (et accepter que souvent, il n'y a pas de traduction littérale, et qu'il faut reformuler sa pensée pour l'adapter dans une autre langue) pour pratiquer la langue en faisant fi des obstacles. Autant de qualités qui ont plus trait à un travail sur soi qu'à un travail de la langue. Benny Lewis préconise aussi de redéfinir ce que signifie « parler couramment » afin justement d'apprendre à parler couramment. Selon lui, parler couramment signifie simplement d'être capable de s'exprimer correctement (au

---
[1] http://polyglotclub.com/france

contraire de « parfaitement ») et d'être capable de comprendre et de se faire comprendre. Une définition moins impressionnante qui rend le défi d'apprendre une langue étrangère beaucoup plus atteignable.

LE MODÈLE HOLLANDAIS

Adopter la bonne attitude et s'immerger dans la langue sans sortir de ses frontières, voilà ce qui semble fonctionner aux Pays-Bas, où 85 % de la population déclare parler anglais. Dans ce petit pays monolingue très ouvert sur le monde, autant dans les affaires que dans sa population (parmi les 800 000 habitants de sa capitale, Amsterdam, on dénombre pas moins de 177 nationalités, ce qui en fait la ville la plus internationale au monde, devant Anvers et ses 164 nationalités et New York qui ne compte « que » 150 nationalités différentes pour dix fois plus d'habitants !), l'usage de l'anglais se fait sans complexe à n'importe quel âge. Hormis la présence importante d'étrangers sur le territoire et l'apprentissage de l'anglais obligatoire dès l'école primaire, c'est l'ouverture des Pays-Bas vers les cultures anglo-saxonnes (et plus particulièrement américaine) qui est le plus souvent citée comme raison de ce bilinguisme majeur. Les films néerlandais ne représentaient que 11.5% du box-office en 2006[1], et un rapport du parlement européen datant de plus de trente ans affirmait déjà que les Etats-Unis détenait 80% du marché du film aux Pays-Bas[2]. Les films étrangers n'y étant pas sous-titrés, l'anglais est donc une langue omniprésente dès que l'on passe les portes d'un cinéma. Des proportions comparables en musique et en télévision qui rendent les néerlandais partiellement biculturels dès le plus jeune âge. La plupart des néerlandais affirment ainsi avoir acquis leurs connaissances en anglais hors de l'école.[3] L'anglais s'est d'ailleurs tellement imposé comme langue de culture aux Pays-Bas que les néerlandais ont inventé le terme de « *English disease* ». Ce terme fait référence à un phénomène de plus en plus répandu qui consiste à utiliser des mots anglais dans le langage courant plutôt que de les traduire en néerlandais. Ce phénomène est bien sûr amplifié par les nouvelles technologies de communication et met en péril le néerlandais, qui se voit de plus en plus empoisonné par l'anglais. Pourtant, il y aurait fort à parier que de nombreux monolingues aimeraient bien souffrir de la maladie de l'anglais…

---

[1] http ://en.wikipedia.org/wiki/Cinema_of_the_Netherlands
[2] http ://www.nytimes.com/1985/09/22/arts/when-it-comes-to-movies-the-world-looks-to-america.html ?pagewanted=1
[3] http ://www.bbc.co.uk/voices/yourvoice/classroom_talk3.shtml#A

A Savoir

Des films sur le bilinguisme et le biculturalisme

Quelques films et documentaires abordant les problématiques du bilinguisme, du biculturalisme et de l'expatriation.

1. Sur le choc culturel, l'expatriation

→ **De l'Europe aux Etats-Unis**

– « Two days in Paris » (2007) et « Two days in New York » (2012) de Julie Delpy.

Après la trilogie « Before » (« Before Sunrise », « Before Sunset » et « Before Midnight » de Richard Linklater, qui raconte l'histoire d'amour entre une Française et un Américain sur vingt ans), l'actrice française Julie Delpy a écrit deux comédies sur l'expatriation et le choc culturel entre Paris et New York.

– « Broken English » de Zoe Cassavetes (2008)

A New York, une histoire d'amour entre Nora (Parker Posey), trentenaire américaine ambitieuse, et Simon, un jeune Français qui travaille dans le cinéma (Melvil Poupaud). Une comédie sentimentale sans prétention qui aborde les différences culturelles franco-américaines. Melvil Poupaud ne cache pas son accent français.

– « French Immersion », de Kevin Tierney (2011)

Comédie bilingue québécoise. Dans un petit village du Québec, une école de langues accueille des étudiants américains et canadiens, qui viennent apprendre les bases du français. Et se confronter à la culture locale. Gags en série.

Julie Delpy, héroïne de Two Days in Paris

– « Un Anglais à New York » de Robert Weide (2008)

Les déboires d'un Britannique qui débarque à New York et tente de se faire une place dans le milieu de l'édition. Un film qui aborde notamment la différence de sens de l'humour entre Américains et Européens.

– « Spanglish », de James Brooks (2004)

Comment se construit-on une identité bilingue et biculturelle aux Etats-Unis ? La question sous-tend ce film, dont l'action se déroule en Californie. Dans le rôle principal, une Mexicaine immigrée, qui travaille comme nounou chez de riches Américains, et qui au début, ne comprend pas du tout l'anglais. Elle s'interroge sur les valeurs et l'éducation qu'elle souhaite transmettre à sa fille adolescente, bien plus intégrée qu'elle.

– « La fille d'un soldat ne pleure jamais » de James Ivory (1998)

A la fin des années soixante, une famille d'Américains expatriés à Paris décident de revenir aux États-Unis. Mais leur pays d'origine leur est devenu complètement étranger.

– « Sous le soleil de Toscane », d'Audrey Wells (2004)

Une écrivaine américaine en panne d'inspiration par en Italie pour des vacances. Sur un coup de tête, elle achète une maison, décide de s'y installer et de recommencer une nouvelle vie dans cet environnement étranger.

– « Un divan à New York » (1995)

C'était avant Airbnb. Un Américain (William Hurt, psychanalyste de l'Upper East Side) et une Française (Juliette Binoche, danseuse qui vit à Belleville) échangent, le temps d'un été, leur appartement. Ils ne se connaissent pas mais tombent amoureux à distance,

A Savoir

malgré nombre de quiproquos qui révèlent les différences culturelles entre leurs pays.

– « L'Auberge espagnole » (2002), « Les Poupées russes » (2004) et le « Casse-tête chinois » (2013) de Cédric Klapisch.

Films incontournables de la génération Erasmus. Dans cette trilogie, on suit pendant 11 ans les tribulations de Xavier (Romain Duris), de son année Erasmus en Espagne à sa vie d'adulte à New York, en passant par ses débuts professionnels à Londres.

Bill Murray dans Lost in Translation

➔ **Orient / Occident**

– « Lost in Translation », de Sofia Coppola (2003)

En arrière plan de ce film interprété par Scarlett Johanson et Bill Muray, le choc culturel Orient-Occident. Deux personnages, perdus dans leur vie et dans ce pays dont ils ne comprennent pas les codes, vivent une expérience qui bouleverse leur vie.

– « Stupeur et tremblements », d'Alain Corneau (2002)

Adapté du best-seller roman d'Amélie Nothomb, ce film raconte les difficultés d'une jeune Française qui tente de s'intégrer dans le monde très fermé d'une grande entreprise japonaise. Et qui accumule les humiliations et les déceptions.

– « Shanghai Blues, Nouveau Monde », de Fred Garson (2012)

Un jeune architecte parisien (Clément Sibony) est envoyé en Chine avec sa famille, où il est employé par la filiale de son agence. Il se confronte aux difficultés de travailler avec des équipes chinoises. Un film qui aborde les difficultés d'intégration à l'étranger, et les défis personnels rencontrés par les couples expatriés.

– « Shanghai Calling » de Daniel Hsia (2012)

Sam, un avocat new-yorkais d'origine chinoise, est envoyé à Shanghai pour affaires. Malgré ses difficultés à s'adapter à la ville, il finit par apprécier la culture chinoise qui lui était jusqu'ici inconnue. Un film qui interroge avec humour le rôle de la langue comme vecteur de culture.

2. Sur le bilinguisme et l'éducation bilingue

– « Quand le bilinguisme ouvre des portes » d'Anne Jochum (2013).

Ce documentaire co-produit par Bretagne Culture Diversité se veut une réponse aux questions que nombre de parents se posent sur le bilinguisme à l'école et à la maison.

– « Neither here nor there » d'Ema Ryan Yamazaki (2012).

Un documentaire réalisé par une nippo-britannique qui pose la question des TCK (Third Culture Kids), c'est-à-dire des personnes élevées dans une culture autre que celle de leurs parents.

– « So where's home ? » d'Adrian Bautista (2012).

Un documentaire qui interroge plusieurs TCKs sur leur identité et les difficultés qu'ils rencontrent au quotidien.

3. Sur le métier d'interprète

– « L'interprète » de Sydney Pollack (2005).

Un thriller politique dans lequel Nicole Kidman, interprète à l'ONU, surprend une conversation révélant un complot contre un chef d'Etat africain. Si le film comporte quelques erreurs d'après l'AIIC (Association internationale des interprètes de conférence), il permet de comprendre les réalités - pas aussi palpitantes - du métier.

2ème partie

Guide des établissements new-yorkais

GUIDE DE L'ÉDUCATION BILINGUE

Il n'y a jamais eu autant d'options pour suivre une éducation en français à New York: publique ou privé, homologué ou non, français ou international... Pour vous aider à y voir clair, et pour cette partie « pratique » de notre guide, nous sommes allés visiter tous les établissements qui offrent une enseignement bilingue français-anglais, avons parlé aux directeurs, aux enseignants, aux parents.

Les fiches qui suivent ne sont en aucune manière des « notes » ou des jugements sur ces établissements mais se veulent un outil pour aider les parents à faire leur choix.

Pas de « classement » donc parce que le choix d'une école est justement trop complexe et trop personnel pour se prêter à ce type de « gimmick ». Une famille qui souhaite que ses enfants reçoivent un enseignement en français a désormais une bonne dizaine d'options théoriques (plus ou moins selon les âges). Mais « théorique » est le mot clef ici. En réalité toutes les écoles « bilingues » ne conviennent pas à tous les cas. Pour choisir la vôtre, lisez les fiches qui suivent, avec en tête les questions qui comptent. Voici 3 critères qui vous permettront de commencer à faire le tri:

– **Le prix que vous pouvez mettre:** c'est sans doute évident, mais la différence entre les 30,000 dollars annuels d'une école privée homologuée et l'école publique gratuite l'emporte souvent sur tout autre critère!

– **La (ou les) langue(s) parlées à la maison:** moins le français y est présent plus il sera nécessaire d'en augmenter la dose à l'école, par exemple en choississant un prgramme type lycée français, qui donne la priorité au français.

– **La durée prévue du séjour aux Etats-Unis:** si on est là pour longtemps, on cherchera peut-être une assimilation rapide grâce à l'école publique. Si on anticipe au contraire un retour en France après seulement 2 ou 3 ans, une école homologuée par l'Education Nationale semblera sage.

Utilisez ce guide comme nous l'avons conçu, un outil, une « première opinion ». Puis allez visiter les écoles. C'est encore le meilleur moyen de trancher!

Les écoles publiques à programme bilingue

C'est le principal changement du paysage bilingue à New York ces dernières années : il existe désormais des solutions dans l'école publique pour qui veut donner une éducation en français à ses enfants.

Une dizaine de langues sont représentées parmi les « Dual Language Programs » publics à New York, mais le français est parmi les plus répandus, derrière l'espagnol et le chinois. Le fruit d'efforts des parents (voir page 64) mais aussi d'une image encore flatteuse du français chez certains Américains ravis de voir leurs têtes blondes apprendre une langue « so chic »…

Il y a désormais 10 écoles new-yorkaises offrant un programme en français, pour environ un millier d'élèves. Mais le nombre ne doit pas tromper : le paysage est très contrasté. Entre PS 58, à Caroll Gardens (Brooklyn), la pionnière, à la réputation déjà très établie, et la petite dernière PS 3 à Bed-Stuy, il y a un monde.

Pour vous aider à choisir, nous avons visité toutes ces écoles, recueilli des témoignages de parents, des statitstiques…

GUIDE DE L'ÉDUCATION BILINGUE

Sommaire

- P58 The Carroll School (Brooklyn): 92
- PS 84 The William Weber School of the Arts (Upper West Side): 95
- New York French American Charter School (Harlem): 98
- PS 133 William Butler (Park Slope, Brooklyn): 101
- PS 20 The Clinton Hill School (Brooklyn): 103
- PS 3 The Bedford Village (Bedford-Stuyvesand, Brooklyn): 105
- PS 110 The Monitor School (Greenpoint, Brooklyn): 106
- MS 51 William Alexander (Park Slope): 108
- PS/IS 76 A. Philip Randolph (Harlem): 110
- MS 256 Academic & Athletic Excellence (Harlem): 112

GUIDE DE L'ÉDUCATION BILINGUE

PS 58
The Carroll School

330 Smith Street, Brooklyn, NY 11231
Tel : (718) 330-9322 | Site : http ://www.ps58.org

Type d'enseignement bilingue :
« Two-way Dual Language Program »

Ages : de Pre-K (4ans) à 5th grade (10 ans) (programme à partir de K)

Nombre d'élèves : 944

Frais de scolarité : gratuit

Statistiques ethniques : 71 % Blancs ; 3 % Noirs ; 12 % Hispaniques ; 5 % Asiatiques.

Taille des classes : 23-25 élèves

Principale : Katherine Dellostritto, kdellostritto@ps58online.org

Parent Coordinator : Joan Bredthauer, JBredthauer2@schools.nyc.gov

APERÇU

LES PLUS : Equipe enseignante motivée ; programme bilingue au coeur du projet scolaire ; rigueur académique ; programmes périscolaires riches.

LES MOINS : Grande école ; place très importante accordée aux tests de l'Etat de New York ; l'état des toilettes, objet de plaintes récurrentes...

L'histoire de PS 58 est celle d'une renaissance, où le français a joué un rôle primordial. L'ancienne directrice, qui a pris sa retraite en 2013, Giselle McGee aime raconter que lorsqu'elle a pris la direction, en 2006, « *il y avait à peine plus de 300 élèves : toutes les familles qui le pouvaient évitaient l'école* ». En quelques années, les effectifs ont doublé, puis triplé. On se bat pour entrer dans l'école. La mise en place du programme bilingue (en 2007) n'est pas la seule raison de ce changement (le quartier s'est aussi « gentrifié » à grande vitesse), mais , dit la directrice, « *il a joué un rôle primordial dans le changement de perception de l'école* ».

Comme beaucoup d'écoles publiques de Brooklyn (et à l'inverse de celles de Manhattan), PS 58 a de la place : une grande cours d'école, un gymnase, une grande salle. La forte proportion de familles françaises le matin dans la cour donne un petit air parisien à l'ensemble, mais l'école a tous les atibuts d'un -trèsbon établissement new-yorkais : des programmes d'arts particulièrement riches, un suivi personnalisé des enfants en difficulté, un dévouement évident des enseignants.

Les élèves apprennent tous, entre le 3ème et le 5ème grade, à jouer d'un

instrument à corde, pendant les heures de classes. Certains bénéficient en outre d'horaires de cours du soir en musique. L'école encourage les activités d'enrichissement aussi bien après la classe que pendant le temps scolaire (où l'on apprend, selon les niveaux, les échecs, la danse de salon, outre les cours spécialisés en science et arts).

Environ la moitié des enfants de l'école sont scolarisés en « dual language programs », qui occupent deux classes par niveau. Chacune est composée pour moitié d'enfants de langue maternelle française, pour l'autre d'anglophones qui ne parlent pas français au début de leur scolarité. Le temps consacré à chaque langue évolue. Au début, les enfants se consacrent en priorité à leur langue maternelle, jusqu'à ce qu'ils apprennent à lire dans cette langue. Ensuite, le temps s'équilibre jusqu'à arriver (en général en 2nd grade, 8 ans) à 60 % du temps d'enseignement en anglais et 40 % en français.

Les élèves changent d'enseignant chaque jour : un jour c'est la maîtresse d'anglais qui assure les cours, le lendemain celle de français. Le fait de diposer de deux classes bilingues par niveau permet cette organisation.

Marie Bouteillon, l'enseignante qui a mis en place le programme à PS 58 (et y a enseigné jusqu'à son départ de l'école en juin 2014), explique : « *l'objectif est que les enfants maîtrisent aussi bien les deux langues, et progressent ensemble : les anglophones et les francophones, chacun dans la langue de l'autre* ».

Le cursus est néanmoins totalement américain (new-yorkais même), et donc nullement aligné sur le programme de l'éducation nationale française, à l'inverse par exemple des des établissements privés du système des « lycées français ». « Cela risque de rendre un peu plus difficile un éventuel retour en France » souligne une maman. « Mais peu de familles sont ici de manière transitoires, elles ont plutôt un projet de longue durée aux Etats-Unis », note une autre.

L'égalité de façade entre français et anglais ne doit donc pas tromper. « Ils passent les test de l'Etat en anglais seulement, or de nombreuses semaines sont consacrées à préparer ces tests du 3ème au 5ème grade », note ainsi un parent. Mais un autre constate aussi que « les petits anglophones, qui ne parlaient pas du tout français à 5 ans, ont un niveau impressionnant 4 ans plus tard ».

Comme toutes les écoles publiques new-yorkaises, PS 58 est jugée sur les tests d'Etat, qui font l'objet d'une préparation intense, voire trop intenses pour certains parents. Mais le travail (et le caractère relativement homogène de l'école !) payent : les résultats aux tests sont excellents, très supérieurs à la moyenne municipale (en 2014, en anglais, 77 % ont obtenu les notes supérieures de 3 ou 4, contre seulement 38 % à l'échelle de la ville). Les élèves des classes bilingues ne souffrent d'ailleurs pas de consacrer autant de temps au français, qui ne fait pas l'objet des tests d'Etat : « ils ont des résultats au moins aussi bons sinon meilleurs que les classes monolingues » assure une enseignante.

Depuis 2013, les élèves de la filière bilingue disposent d'un débouché naturel depuis la création du programme « dual language » de MS 51, middle school réputée de Park Slope (voir page 112). Et ils l'utilisent : l'immense majorité des enfants y ont été admis lors des deux premières années du programme.

ADMISSIONS

PS 58 est une école élémentaire publique, donc soumise à la stricte carte scolaire. Pour être admis il faut habiter dans la zone (voir ci contre). Il existe des exceptions pour les enfants de langue maternelle française : si le quota (la moitié de chaque classe) n'est pas rempli par les enfants du quartier, d'autres hors zones peuvent être admis.

Le grand succès de l'école limite cette possibilité, mais chaque année « une dizaine d'enfants » hors zone sont admis, en général dans les classes supérieures, pour remplacer des petits français rentrés au pays. En revanche, à l'entrée dans le programme, au niveau Kindergarden (5 ans), il ne faut guère y compter : en 2014 l'école a reçu 256 demandes pour 50 places...

Pour entrer en tant que « francophone », il faut passer un entretien destiné à confimer que l'enfant maîtrise le français. Ces entretiens ont lieu sur rendez-vous, au printemps. (cf le site de l'école).

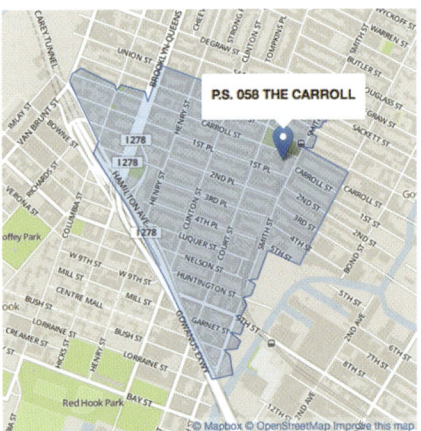

Zone de l'école: il faut habiter dans ces limites pour pouvoir être inscrit automatiquement dans l'école.

ÉCOLES PUBLIQUES

PS 84
The Lillian Weber School of the Arts

32 W. 92nd Street, New York, NY 10025
Tel : (212) 799-2534 | Site : http://www.84web.org

Type d'enseignement bilingue :
« Two-way Dual Language Program »

Ages : de Pre-K (4 ans) à 5th grade (10 ans)

Nombre d'élèves : 517

Frais de scolarité : Gratuit

Statistiques ethniques : 43 % Hispaniques ; 33 % Blancs ; 18 % Noirs ; 3 % Asiatiques.

Taille des classes : 20-25

Principale : Robin Sundick, r sundic@schools.nyc.gov
Parent Coordinator : Anita Hauschild, AHauschild@schools.nyc.gov

APERÇU

LES PLUS : Directrice très disponible ; importance accordée à la nutrition ; jardin potager incorporé dans le programme scientifique ; diversité culturelle ; PTA très dynamiqu

LES MOINS : Petite école ; cursus très américain ; niveau moyen aux tests de l'Etat.

PS 84 réussit à faire la part belle à la verdure malgré sa petite taille. Un jardin sur la 91ème rue permet aux plus jeunes élèves d'observer les cycles naturels tout en servant de décor à leurs jeux. Le toit de l'école accueille un deuxième espace vert, le jardin potager Urban Roots, utilisé pour sensibiliser les élèves sur les questions environnementales et de bien-être. Les fruits et légumes cultivés par les apprentis jardiniers sont même cuisinés par la cantine de l'école, elle-même membre du programme « Wellness in the schools » pour la promotion d'une alimentation saine. Et puis, il y a le plus grand jardin de tous, Central Park, à quelques pas de l'école.

Le programme bilingue de PS 84 est né en 2008 d'un heureux concours de circonstances. L'école avait de longue date un programme bilingue espagnol et était donc rompue à l'exercice. Le nombre croissant de familles francophones dans l'Upper West Side a créé une demande pour un programme en français et la détermination d'un groupe de parents a fait le reste avec l'aval de la directrice, Robin Sundick.

« Pour PS84, le français était une opportunité, un nouveau souffle pour devenir une école de quartier, augmenter ses inscriptions, se faire une place sur la carte des écoles upper west side, offrir un programme que personne d'autre ne pouvait offrir », souligne Virgil de Voldère, un des parents derrière l'initiative.

Dès la mise en place du « Dual Language » en français, le nombre d'élèves francophones était suffisant pour ouvrir deux classes (Kindergarten et 1st grade). Le programme existe sur tous les niveaux de l'école élémentaire et peut être poursuivi en *6th grade* à l'école MS 256. Ouvert juste un an après le pionnier PS 58 de Brooklyn, le programme de PS 84 a mis un peu plus de temps à trouver ses marques. Les premières classes ont peiné à attirer des familles françaises. Mais ce n'est plus le cas : l'Upper West Side est désormais solidemment installé sur la carte de l'enseignement français à New York grâce à PS 84.

Si le niveau de l'école aux tests de l'Etat est moyen (à peine supérieur à la très faible moyenne de la ville), les classes du programme participent à son amélioration année après année. L'accent est mis sur les projets scientifiques et artistiques et l'implication des enseignants est remarquable. Dans les couloirs de l'école, on peut entendre les élèves répéter la chanson phare du film « Les Choristes » ou admirer leurs œuvres exposées sur les murs.

Le choc des cultures entre familles plutôt favorisées des programmes bilingues (majoritairement blancs) et ceux des quartiers moins favorisés, préoccupation récurrente lors du début du programme, se fait moins sentir désormais. Au total c'est une atmosphère plutôt bon enfant qui prévaut. La diversité est un « plus » du programme, reflétant la population du quartier, entre immeubles subventionnés et « brownstones » pour familles aisées. Les enfants sont originaires de France, d'Afrique, du Canada et des Caraïbes.

« Les frictions entre dual language et le reste de l'école étaient un peu comme une crise de croissance » juge un parent dont les enfants fréquentent PS 84 depuis plusieurs années. « Petit à petit les choses se sont calmées, et le fait qu'une forte proportion (près de 40 %) des élèves soient dans le programme change les choses, ajoute un autre. Le DLP fait maintenant partie des murs ! » Dans le même temps, la population a changé radicalement: il y a dix ans, seulement 5 % des élèves étaient blancs. Aujourd'hui ils sont 33 %.

Il y a environ 150 élèves scolarisés dans le programme bilingue. Les classes sont composées pour moitié d'enfants de langue maternelle française et pour moitié d'enfants parlant une autre langue, quelle qu'elle soit. « *Ce modèle est efficace,* affirme Robin Sundick, *les élèves s'entraident* » et au fil du temps, elle remarque qu' « *ils n'ont pas de lacunes, dans aucune de leurs deux langues* ».

Quarante pour cent du temps d'enseignement a lieu en français, les soixante pour cent restant étant en anglais. Les tests de l'Etat de New York sont donc préparés en anglais.

De nombreux parents notent le dynamisme et l'implication grandissante des parents d'élèves dans le PTA (Parent Teacher 's Association) et apprécient la mise en place de programmes extra-scolaires toujours plus variés. Des cours du soir sont aussi proposés aux adultes et des programmes d'aide sont mis en place pour les élèves en difficulté.

Bémol : un parent d'élève dont l'enfant était scolarisé dans un établissement privé franco-américain à New York avant de rejoindre PS 84 explique qu'il a dû recourir aux cours du CNED pour qu'il continue à s'améliorer en francais. Il regrette aussi certains aspects du programme, qui ne comprend pas l'Histoire de France par exemple. « Le programme de PS 84 est calqué sur le programme américain. Ca n'avait que peu de sens pour mon fils d'apprendre l'histoire des Amérindiens. Tout ce qui faisait l'intéret de la civilisation française était absent. »

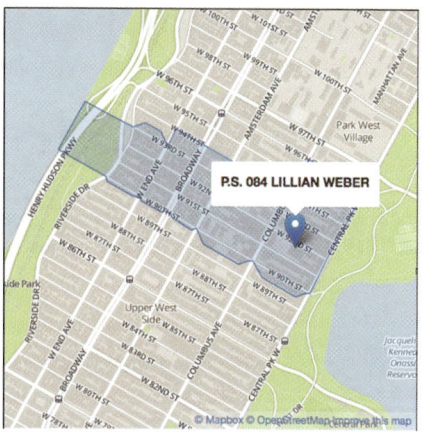

Zone de l'école : il faut habiter dans ces limites pour pouvoir être inscrit automatiquement dans l'école.

ADMISSIONS

PS 84 est une école publique du District 3 de l'Upper West Side, ce qui représente une portion limitée géographiquement. Cependant, pour satisfaire le quota de 50 % d'élèves francophones dans les classes de « Dual Language », des exceptions sont régulièrement faites et des enfants habitant en dehors du district sont admis.

NYFACS
(New York French American Charter School)

311 W 120th St, New York, NY 10027
Tel : (212) 666-4134 | Site : www.nyfacs.net

Catégorie d'établissement :
Ecole à charte homologuée

Ages : de Kindergarten à 5th Grade

Nombre d'élèves : 220

Frais de scolarité : Gratuit

Statistiques ethniques : 65 % Noirs ; 16 % Blancs ; 14 % Hispaniques

Taille des classes : 20-25

Principale : Edith Boncompain, eboncompain@nyfacs.net

APERÇU

LES PLUS : école franco-américaine gratuite ; grande mixité des élèves

LES MOINS : Débuts difficiles ; bâtiment pas très frais

NYFACS a tout de l'école sans histoire. Lors de notre visite, les enfants jouaient tranquillement dans la cour de récréation jouxtant le bâtiment principal, sur la paisible 120e rue. A l'heure du retour en classe, ils se sont sagement mis en rang. Sans oublier de dire « bonjour » à la directrice de l'établissement Edith Boncompain en la croisant dans les couloirs.

NYFACS est une école publique à part, différente des « Dual Language Programs » comme PS 58 ou PS 84. Il s'agit d'une « charter school », école à charte, une spécificité américaine qui permet à certaines écoles publiques de bénéficier d'un statut à part. Elles sont gérées par des associations « non profit », qui reçoivent leur budget de la ville de New York mais peuvent en disposer selon des règles, aussi bien administratives que pédagogiques, différentes des écoles publiques classiques. En échange, ces « charter schools » doivent lever leurs propres fonds, qui viennent s'ajouter à l'argent fourni par la ville. Elles doivent par ailleurs recruter par tirage au sort au sein d'une ère géographique donnée et n'ont pas le droit de sélectionner leurs élèves.

L'école est en passe de tourner une page difficile. Fondée en 2010 par la spécialiste du multilinguisme Katrine Watkins, elle a été mise sous probation un an plus tard par le Département de l'Education en raison de manquements « graves et substantiels » à sa charte et aux lois de l'Etat de New York. Le DoE (Department of Education) a également émis des doutes sur sa viabilité financière.

Les proviseurs se sont succédés sur fond de tensions entre parents et administration. Jusqu'à l'arrivée de Mme Boncompain en 2012. La Française, ex-enseignante en banlieue parisienne, fut accompagnée d'un conseil d'administration renouvelé et une nouvelle équipe enseignante. La probation a finalement été levée à la fin de l'année 2013. Et l'établissement, qui est passé de « C » à « B » dans le dernier « Progress report » du DoE, a pu enfin se recentrer sur son objectif initial : dispenser une éducation bilingue de qualité, qui ouvrira aux élèves les portes des grandes universités du monde anglophone et francophone à ses élèves. « *On est parti avec l'idée de changer, de stabiliser l'image de l'établissement qui n'a pas la reconnaissance qu'il mérite* », souligne Edith Boncompain.

A la rentrée 2014-2015, les niveaux proposés par NYFACS s'étendent du Kindergarden au 5th Grade. L'école a décidé de geler sa croissance au 5th Grade, plutôt que de s'étendre juqu'au 12th Grade comme initialement prévu.

Les élèves sont ensuite invités à rejoindre les programmes bilingues des « middle schools » MS 256 dans l'Upper West Side et PS/IS 76 sur la 121e rue. Le district 3, où se trouve NYFACS est particulièrement grand. Il s'étend de l'Upper West Side à Harlem, où l'école a élu domicile. Ce qui donne au corps étudiant une mixité unique : 65 % des élèves sont afro-américains, 12 % blancs et 16 hispaniques. « *NYFACS est un melting pot. Un mélange d'origines géographiques, sociales, économiques... On a une vraie mixité. Ce n'est pas un mot creux ici.* »

NYFACS se présente comme un établissement bilingue et biculturel, ouvert aux francophones comme aux non francophones. Les élèves de grande section, de CP et de CE1 sont immergés dans le français, avec « 80 % de l'enseignement » prodigué dans la langue de Molière et des cours de mathématiques en anglais, de manière à préparer les élèves au vocabulaire matheux. Dès le CE2 (5th grade), l'école adopte un modèle « 50-50 », avec enseignement de l'histoire-géo, des arts, de la musique en français et des sciences et mathématiques en anglais. L'école opère une « summer school » pour les élèves connaissant des lacunes d'apprentissage. Un camp « FLE » (Français langue étrangère) est assuré début août pour les non-francophones. L'école propose aussi un after-school, de 16h30 à 18h30 et une « Saturday academy » pour préparer les élèves aux examens de l'Etat de New York.

La francophonie fait partie intégrante du curriculum de NYFACS. Les élèves sont invités à s'interroger sur leurs origines et les pays de la francophonie à travers des exposés, des projets scolaires (comme un échange épistolaire avec une école québécoise) et des évènements. Située dans un coin d'Harlem en pleine transformation, l'école puise dans la richesse du quartier pour nourrir ses cours. Ainsi, l'an dernier, les élèves de CP ont réalisé un travail sur les grands personnages de la communauté afro-américaine à partir du nom des avenues du quartier tandis que les grandes sections se sont plongées dans l'univers du jazz. D'autres ont utilisé un jardin communautaire local pour s'initier au jardinage.

Malgré la « *mauvaise passe* » des débuts, comme l'appelle Mme Boncompain, elle note que la demande pour l'établissement n'a cessé de croître. L'an prochain, NYFACS comptera au moins deux classes par niveau. « *On remplit nos classes* », explique la principale.

Un bémol : le bâtiment actuel de NYFACS n'est pas à la hauteur de ses ambitions. Si l'école vient d'inaugurer une deuxième cour de récréation, sur son toit (avec une vue quasi-panoramique sur Harlem), on peut regretter que la bibliothèque, petite et sans fenêtre, ne soit pas plus accueillante. Certaines salles de classes et espaces communs sont peu lumineux. Les parents auxquels nous avons parlé reconnaissent que l'école peut encore s'améliorer sur de nombreux points, de la propreté des locaux à la qualité des repas en passant par la disparité des niveaux de français, mais font remarquer que NYFACS mérite d'être soutenue. Une maman, dont les deux enfants sont scolarisés à NYFACS insiste sur son caractère unique : « *C'est un programme bilingue en immersion totale (à mon avis meilleur que les « dual language ») gratuit. L'école est maintenant homologuée par le gouvernement français et dispose d'une extraordinaire mixité. Ce qui apporte une richesse culturelle et une dynamique uniques* ».

ADMISSIONS

Les élèves de NYFACS sont sélectionnés sur loterie. Dépôt des candidatures avant le 1er avril de l'année. Priorité accordée aux enfants du District 3.

ÉCOLES PUBLIQUES

PS 133
William Butler

610 Baltic Street, Brooklyn 11217
Tel : 718-398-5320, Fax : 718-385-5325 | Site : http://www.ps110k.org

Catégorie d'établissement :
Ecole publique avec programme bilingue

Ages : PreK-3, à la rentrée 2014-2015

Nombre d'élèves : 464

Frais de scolarité : Gratuit

Statistiques ethniques : 34 % Hispaniques ; 34 % Noirs ; 26 % Blancs ; 2 % Asiatiques.

Taille des classes : 25 maximum pour K, 32 pour 1st Grade

Principale : Heather Foster-Mann
HFoster@schools.nyc.gov
Parent Coordinator : Ahmed Dickerson,
ADickerson@schools.nyc.gov

APERÇU

LES PLUS : Locaux neufs, bon environnement de travail, ouvert sur deux districts

LES MOINS : Le programme manque de jeunes francophones

Le bâtiment. C'est la première chose qui frappe le visiteur à PS 133. Inauguré en septembre 2013, il est flambant neuf. Spacieux, propre, lumineux, salles de classes chaleureuses, nouveau gymnase et auditorium, immense cour de récré : le cadre fait rêver. Il faut dire qu'il a coûté plus de 60 millions de dollars !

Les parents français seront sensibles à un autre argument : le programme bilingue de PS 133, lancé à la rentrée 2011-2012 par des parents du quartier, manque de francophones. « *Nous en avons besoin. Ils sont les bienvenus* », s'exclame Kevin Goetz, l'enseignant (américain) de 2nd Grade. Lors de notre visite de l'école, les élèves du programme bilingue sont apparus sages, ordonnés, conformément à l'image que veut donner la dynamique directrice Heather Foster-Mann à son établissement. Un des élèves de 1st Grade est même venu nous accueillir par un « *bienvenue dans notre salle de classe* » au moment de notre entrée. Une autre a complimenté la directrice sur sa broche.

Le corps étudiant de PS 133 est mélangé. L'école recrute ses élèves sur deux districts, le 13 et le 15, qui comprennent aussi bien des quartiers aisés comme Park Slope que des quartiers d'immigrés, moins favorisés, comme Sunset Park. Les salles de classes, lumineuses et colorées, sont toutes équipées de smartboards, les fameux tableaux blancs interactifs. « *Nous sommes une équipe chaleureuse et fun*, sourit Mme Foster-Mann. *A la différence d'autres écoles, nous sommes les mains dans le cambouis. Nous connaissons nos élèves. Nous les prenons comme ils sont, qu'ils soient français ou autre* ».

L'école de 464 élèves connait le bilinguisme. Elle opère 10 classes bilingues (6 de français-anglais, 4 d'espagnol-anglais). A la rentrée 2013-2014, son programme bilingue de français comptait un classe de pre-K, deux classes de K, deux de 1st Grade et une de 2nd Grade. Le modèle suivi par l'école est celui du « side by side ». Ce qui signifie que chaque niveau est divisé en deux groupes (anglophones et francophones), qui suivent de manière alternée des cours en français et en anglais. Un système qui permet d'accueillir un nombre important d'élèves (20-25 par classe dans le cas de PS 133). Ainsi, lors de notre visite, les deux classes de 1st Grade travaillaient, dans des classes séparées, sur un seul et même texte mais dans des langues différentes. Les élèves progressent ainsi dans le programme en évitant les redondances. « *En sciences, un jour je parle de « bulbe », un autre de « bulb ». Il faut apprendre la leçon en anglais pour comprendre la leçon en français, et vice versa* », précise Kevin Goetz.

L'organisateur d'after-schools en français, Bonjour New York, propose aussi des activités après l'école depuis 2013.

ADMISSIONS

PS 133 recrute dans deux districts scolaires, le 13 et le 15, qui couvrent des parties importantes du centre de Brooklyn. Préciser « French Dual Language Program » au moment des inscriptions. Chaque élève francophone doit se soumettre à une évaluation de son niveau de français.

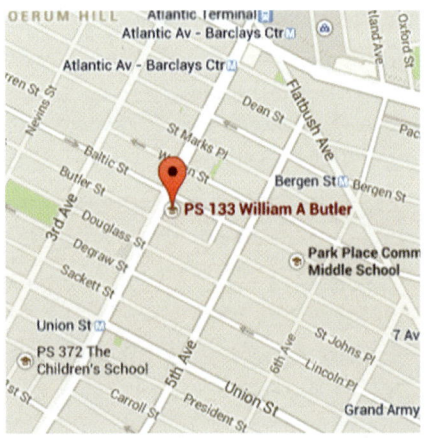

ÉCOLES PUBLIQUES

PS 20
The Clinton Hill School

225 Adelphi Street, Brooklyn NY10025
Tel : 718 834 6744, Fax (718) 243-0712 | Site : http ://www.ps20.org

Type d'enseignement bilingue :
« Dual Language Program »

Ages : Kindergarten (rentrée 2013-2014). Ajout des niveaux supplémentaires chaque année jusqu'au 5th Grade.

Nombre d'élèves : 321

Frais de scolarité : Gratuit

Statistiques ethniques : 61 % Noirs ; 20 % Hispaniques ; 11 % Blancs ; 5 % Asiatiques.

Principale : Lena Barbera, LBarbera@schools.nyc.gov
Parent Coordinator : Karen Colon, KColon3@schools.nyc.gov

Taille des classes : 16 en K

APERÇU

LES PLUS : Programme intimiste ; parents impliqués

LES MOINS : Quasiment tous les élèves du programme sont anglophones

Lors de notre visite, nous avons trouvé une équipe pédagogique extrêmement disponible et accommodante (la directrice, qui nous avait fixé rendez-vous après de longs mois d'attente était elle absente). L'enseignante de la classe de Kindergarten, seul « grade » du programme lors de notre visite, a passé le relai pour quelques minutes à une enseignante-stagiaire en visite de Montpellier pour répondre à nos questions. La directrice adjointe s'est rendue disponible. Nous avons également pu visiter le bâtiment : son auditorium, où un groupe d'élèves était en train de répéter un spectacle, sa cour de récréation, sa cantine lumineuse et son gymnase, où le bruit des ballons de basket se mêlait aux éclats de rire des enfants.

Située dans le quartier en pleine « *gentrification* » de Clinton Hill, PS 20 est relativement petite – 320 élèves – et a connu un renouveau depuis six ans avec l'arrivée de la directrice Lena Barbera. Nouveaux programmes artistiques, cours d'agriculture urbaine, introduction de nouvelles technologies... et du programme bilingue français-anglais : l'école veut former « *des enfants ouverts sur le monde* », confie une enseignante qui travaille à PS 20 depuis 20 ans. Comme d'autres écoles, la Clinton Hill School travaille avec plusieurs associations de promotion du sport et de l'art en milieu scolaire pour étoffer son offre d'after school et d'enseignements optionnels. Elle applique notamment le « 7 habits for happy kids », un programme inspiré d'un livre de Stephen Cover, gourou du « self help ».

Son programme bilingue date de la rentrée 2013-2014. Parmi les 14 élèves de la première promotion, un seul est francophone. En théorie, 50 % du temps d'enseignement a lieu en français, et l'autre moitié en anglais. En pratique, l'anglais domine compte-tenu de la forte présence d'enfants anglophones dans le programme. Enseignante en Kindergarden, Sabrina Spencer, a dû s'adapter à cette donne en postant sur le web les vidéos en français vues en cours pour permettre aux parents anglophones d'aider leurs enfants avec leurs devoirs. « *Chaque semaine, je prépare un dossier avec les chansons, le vocabulaire de base, l'alphabet pour que les parents puissent s'entraîner* », dit-elle.

Lors de notre visite, les écoliers récitaient un texte sur la neige, assis dans une salle colorée, tapissée des travaux des bouts de chou. Le groupe était discipliné, et quand un élève manquait de respect, l'enseignante le remettait respectueusement mais fermement à sa place. En cours, les élèves apprennent l'alphabet, font de la poésie, des chansons, des mathématiques et des sciences. « *Un enseignement basique* », résume « Miss Spencer ». Certains d'entre eux ont déjà reçu une initiation au français quand ils rejoignent le programme. PS 20 propose en effet une initiation dès le Pre-K, sous la supervision de l'autre enseignante de français de l'école.

Le programme bilingue va croître dans les années qui viennent : un niveau sera ajouté chaque année jusqu'au 5th Grade. Les administrateurs attribuent le faible nombre d'inscrits à sa relative nouveauté mais pensent que de nouvelles familles viendront grossir les rangs. « *Les parents du programme sont très impliqués*, précise Sabrina Spencer. *Ils participent aux spectacles, aux sorties et donnent du matériel. Si on a besoin de quelque chose, les parents l'apportent.* »

ADMISSIONS

PS 20 est ouverte aux enfants du District 13, mais son programme bilingue recrute au-delà. Les parents intéressés trouveront le dossier d'inscription sur le site de l'école, PS20.org. Les élèves doivent passer une évaluation.

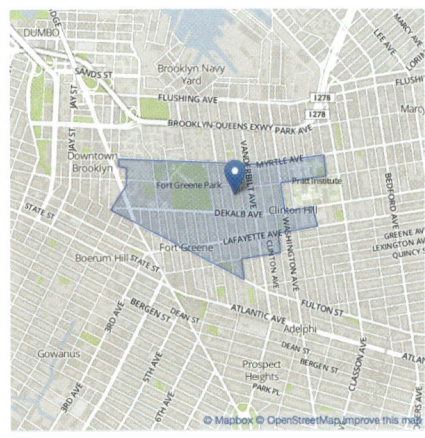

Zone de l'école: il faut habiter dans ces limites pour pouvoir être inscrit automatiquement dans l'école.

PS 3
The Bedford Village

50 Jefferson Avenue, New York, NY 11216
Tel : (718) 622-2960 | Site : http://www.ps3brooklyn.org

Type d'enseignement bilingue :
Dual Language Program

Ages : Kindergarten (ouverture d'un niveau supplémentaire chaque année)

Nombre d'élèves : 503 (dans toute l'école)

Frais de scolarité : Gratuit

Statistiques ethniques : 73 % Noirs ; 12 % Asiatiques ; 10 % Hispaniques ; 2 % Blancs

Taille des classes : 22 à 24 (pour l'ensemble de l'école)

APERÇU

LES PLUS : Programme bilingue gratuit, le seul dans le quartier de Bedford-Stuyvesant

LES MOINS : Programme récent ; une seule classe à la rentrée 2014.

PS 3 « The Bedford Village », dans le quartier de Bedford-Stuyvesant, à Brooklyn, est le petit dernier des programmes bilingues des écoles publiques à New York. Une classe de kindergarden a ouvert à la rentrée 2014, avant l'extension prévue du programme les années suivantes.

« Ce besoin pour un programme bilingue s'explique par l'accroissement de notre population francophone issue d'Afrique du nord et de l'ouest. Ces parents veulent que leurs enfants apprennent le français pour qu'ils puissent le parler quand ils se rendent dans leur pays d'origine », précise Kristina Beecher, la directrice de PS 3. « Nous avons été contactés aussi par des parents anglophones, puis nous avons réalisé une enquête auprès de notre école ».

L'école de 513 élèves devient ainsi le 8eme établissement public à proposer des classes d'immersion dans les deux langues. Seule une classe de Kindergarten est offerte. Les niveaux supplémentaires ouvriront tous les ans. Le programme est ouvert à tous les enfants new-yorkais, quel que soit leur district de résidence.

« En tant que communauté scolaire, ajoute la directrice, nous avons décidé qu'il était important d'établir ce programme bilingue en raison des études sur les avantages cognitifs liés à l'apprentissage de plusieurs langues ».

ADMISSIONS

Le programme est ouvert à tous les enfants new-yorkais, quel que soit leur district de résidence. Contacter l'école directement.

PS 110
The Monitor School

124 Monitor Street, Brooklyn, NY 11222
Tel : 718-383-7600, Fax : 718-383-5053 | Site : http ://www.ps110k.org

Type d'enseignement bilingue :
Two-way Dual Language Program

Ages : 5-8 ans (Kindergarten- 3rd Grade en 2014). Un niveau supérieur sera ajouté chaque année jusqu'au 5th Grade

Nombre d'élèves : 375

Frais de scolarité : Gratuit

Taille des classes : 25

Statistiques ethniques : 59 % Blancs ; 28 % Hispaniques ; 7 % Noirs ; 3 % Asiatiques.

Principale : Anna Cano Amato, ACanoAm@schools.nyc.gov
Parent coordinateur : Tara Atson, tatson@schools.nyc.gov

APERÇU

LES PLUS : Quartier sûr, en pleine transformation ; accent mis sur les arts.

LES MOINS : Bâtiment ancien, souvent en chantier.

Deux choses nous ont plu lors de notre visite de PS 110 à Greenpoint (Brooklyn) : les œuvres d'art (collage, dessins, peintures) très « pro » des élèves dans les couloirs de l'école, et sa directrice, Anna Cano Amato. La petite femme est une véritable pile électrique, qui connait son école dans les moindres recoins. Et pour cause, elle y travaille depuis « *presque trente ans* ». « *C'est ma deuxième maison, parfois ma première* », sourit-elle en arpentant les longs couloirs de l'école.

Le programme bilingue de PS 110 est relativement nouveau. Lancé en 2010, il s'est progressivement étoffé. Il a désormais une classe par niveau de K à 3rd Grade. Un niveau supplémentaire sera ajouté chaque année jusqu'au 5th Grade. « *Notre mission est de faire grandir les esprits et les cœurs. Nous pensions que proposer des langues étrangères était bon pour les élèves dans l'environnement multiculturel dans lequel nous vivons* », raconte Mme Cano Amato.

Il y autre chose : la directrice et son adjointe Anna Rocchio, qui a elle aussi passé trois décennies à PS110, sont toutes les deux issues de familles d'immigrés, de parents hispaniques pour la première, italiens pour la seconde.

Les cours du programme bilingue sont dispensés en petits groupes. Comme dans les autres programmes d'immersion dans la ville, chaque classe est composée pour moitié de francophones et d'anglophones, même si l'école reconnaît ne pas suivre ce modèle à la lettre. L'organisation choisie pour les cours est celle du « roller-coaster », précise la directrice : les cours en français ont lieu le matin et les cours en anglais l'après-midi. Les cours dits de « spécialité » (informatique, maths, art et musique) sont enseignés en anglais. Comme tous élèves de PS 110, les inscrits au programme bilingue apprennent aussi l'italien.

Les élèves du programme bilingue bénéficient de l'accent mis sur les arts dans cette école de 400 élèves. Cours de clavier et de guitare dès le Kindergarten, chorale, théâtre, flamenco et (pour le meilleur ou pour le pire) percussion : l'offre est riche (et financée par les donations de parents ou d'entreprises).

L'école a des partenariats avec plusieurs groupes de promotion de l'art en milieu scolaire, comme Young Audiences of New York qui anime plusieurs activités d'éveil artistique dans les écoles publiques de New York. PS110 dispose d'un superbe auditorium de 300 places, dans lequel un groupe d'élèves répétait une chorégraphie sur une chanson de Lady Gaga lorsque nous avons visité l'école.

Depuis 2011, elle propose aussi un after-school français ouvert au K, 1st et 2nd Grade. Il permet aux participants d'enrichir leur vocabulaire à travers, par exemple, des lectures ou la découverte d'artistes comme Henri Matisse.

Seul bémol : construit à la fin du XIXe siècle, le bâtiment de PS110 est souvent en chantier. Lors de notre visite, il était recouvert d'échafaudages et une serre devait être installée dans l'une des (petites) cours de récréation. « *Nous devons faire des réparations sur le toit, les lumières doivent être changées, nous devons avoir une nouvelle bibliothèque et un nouveau gymnase*, reconnaît la directrice. *Avec un bâtiment de cet âge, il y a toujours des problèmes* ».

ADMISSIONS

Les parents intéressés doivent préciser leur volonté d'inscrire leur enfant au programme bilingue dans leur dossier d'inscription. Les enfants francophones devront passer un examen d'entrée pour déterminer le niveau de langue de l'enfant. Les enfants d'anglophones sont sélectionnés sur loterie.

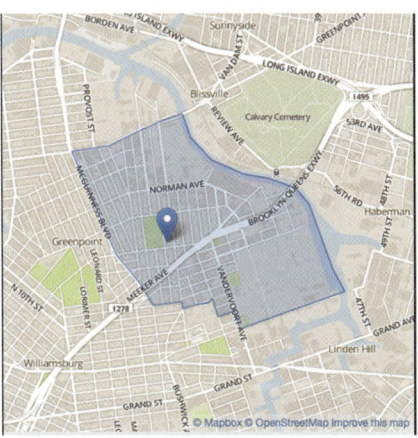

Zone de l'école: il faut habiter dans ces limites pour pouvoir être inscrit automatiquement dans l'école.

GUIDE DE L'ÉDUCATION BILINGUE

MS 51
William Alexander

350 5th AVENUE, Brooklyn NY 11215
Tel : (718) 369-7603 | Site : http ://www.ms51.org

Type d'enseignement bilingue : français renforcé

Ages : de 11 à 14 ans (6th à 8th grade)

Nombre d'élèves : 1116

Frais de scolarité : gratuit

Statistiques ethniques : 53 % Blancs ; 19 % Hispaniques ; 14 % Noirs ; 13 % Asiatiques

Taille des classes : 32

Principal : Lenore Berner, LBerner2@schools.nyc.gov
Parent Coordinator : AUDREY KOMAROFF, AKomaroff@schools.nyc.gov

APERÇU

LES PLUS : un excellent niveau général ; les élèves vont dans les meilleurs lycées ensuite ; un programme d'arts très développé

LES MOINS : Les programme bilingue n'en est pas réellement un ; très grande école, parfois impressionnante pour les plus jeunes

Les parents d'élèves du très dynamique programme bilingue de PS 58 ont appelé de leurs vœux une « middle school » qui permettrait à leurs enfants de poursuivre le programme après le primaire. C'est à MS 51, à Park Slope, qu'ils ont trouvé l'oreille attentive de la principale, Lenore Berner, qui a soutenu l'ouverture d'une classe, à la rentrée 2013.

Le programme bilingue de MS 51 est donc encore très jeune. Les parents dont les enfants ont essuyé les plâtres en 2013-2014 ont des avis partagés. « Par rapport au DLP (Dual Language Program) de PS 58, ici ils font assez peu de français regrette » une mère d'élève. Et il est vrai que même il s'agit officiellement d'un DLP, on est loin du 50/50. Les élèves suivent 9 « séquences » de français par semaine, soit l'horaire des cours de langue étrangère plus celui de « social studies » (histoire-géographie), qui est enseigné en français, par la même enseignante.

D'autres parents de cette première fournée regrettent aussi un enseignement du français exagérément tourné vers l'orthographe et la grammaire ou encore jugent l'enseignante du 6th grade (une française) « trop stricte ». Mais la majorité des parents interrogés semblent apprécier le programme, qu'ils jugent « solide ». « Si on admet que ça reste une école américaine, où on apprend le français à très bon niveau, et pas une école française, MS 51 fait très bien le boulot » résume un père.

Mais le principal attrait de MS 51 est sans doute en dehors du programme lui-même.

Contrairement à beaucoup d'autres écoles qui ont décidé d'ouvrir un programme bilingue, MS 51 n'avait aucun problème de réputation. C'est d'ailleurs ce qui a permis au Dual Language Program de faire le plein immédiatement : les parents n'avaient aucune réticence à envoyer leurs enfants ici.

L'école jouit en effet d'une excellente réputation. Les résultats aux tests d'Etat, très supérieurs à la moyenne de la ville, le justifient. En sortant de MS 51, les élèves intègrent souvent les meilleurs lycées de la ville, critère essentiel à New York, où le système d'entrée au lycée est très compétitif, (les premiers élèves qui sortiront du DLP en 2016 n'auront sans doute aucune solution « bilingue » puisqu'il n'existe pour l'heure pas de programme bilingue français dans aucun lycée public de la ville).

Indépendamment du programme de français, certains parents d'élèves critiquent d'ailleurs une place accordée aux tests qu'ils jugent excessive et le côté quelque peu « machine » de ce grand établissement. « Ce n'est certainement pas une middle school pour un enfant qui a besoin d'être très encadré, suivi de près » souligne ainsi un mère d'élève.

L'école est aussi réputée pour son programme d'arts (qu'on appelle 'talent' ici). Tous les élèves y sont enrollés et doivent, sur le temps scolaire et en dehors, pratiquer une des disciplines offertes : musique, danse, théâtre, chant, arts visuels, photographie. Certains atteignent un très bon niveau. L'importance donnée aux arts donne une atmosphère agréable à l'école.

ADMISSIONS

Il faut habiter (ou être scolarisé en primaire) dans le District 15, qui couvre une partie de Brooklyn. Les enfants sont sélectionnés en fonction de leurs résultats en 5th grade, y-compris aux tests d'Etat, puis sur entretien. Avant d'être admis dans le programme francophone, les candidats doivent d'abord passer la sélection générale. Une fois admis ils peuvent postuler pour le programme français et passent un entretien oral. Toutefois, pour pouvoir remplir le quota de 32 élèves, la direction a fait quelques exceptions lors des deux première années, en admettant dans le programme de français des élèves qui n'avaient pas admis lors de la sélection générale. L'immense majorité des élèves admis dans le programme viennent de PS 58.

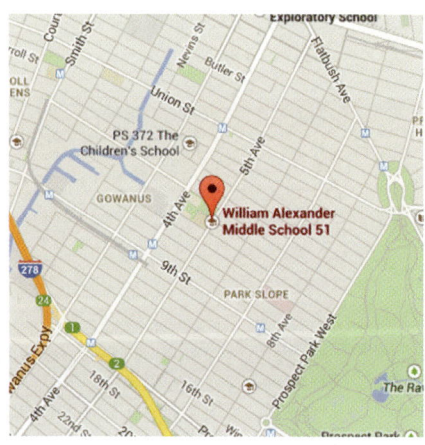

GUIDE DE L'ÉDUCATION BILINGUE

PS / IS 76
A. Philip Randolph

Adresse : 220 West 121th St, New York NY10027
Tel. 212-678-2865, Fax : 212-678-2867

Type d'enseignement bilingue :
français renforcé

Ages : 12 ans (6th Grade) à la rentrée 2014-2015. Ouverture des niveaux supplémentaires chaque année jusqu'au 8th Grade

Nombre d'élèves : 507

Frais de scolarité : Gratuit

Taille des classes : 20-25

Statistiques ethniques : 77 % Noirs ; 20 % Hispaniques ; 2 % Blancs ; 1 % Asiatiques.

Principal : Charles Deberry, CDeBerr@schools.nyc.gov

Parent Coordinator : Cecilia Crawford, CCrawford3@schools.nyc.gov

APERÇU

LES PLUS : Seul collège à Harlem à proposer un programme bilingue ; sensibilisation à l'université

LES MOINS : Nouveau programme ; faible mixité sociale et ethnique ; résultats académiques faibles

En bref

PS/IS 76, c'est un peu la maison de son directeur Charles DeBerry. Le chef d'établissement grand et charismatique tope les élèves qu'il croise dans les longs couloirs de l'école.

Charles DeBerry est en fonction depuis 2003 dans cette école qui mêle primaire et collège (du kindergarden au 8th grade donc). Ne vous méprenez pas : « *J'ai un nom français mais je ne parle pas français* », sourit-il. Et pourtant, c'est lui qui a piloté le lancement du nouveau programme bilingue français-anglais que propose son établissement depuis la rentrée 2014 en réponse à la demande de plusieurs parents du quartier, dont les enfants étaient scolarisés à l'école à charte franco-américaine NYFACS, non loin de là.

L'école de trois étages, notée « C » en 2011-2012 sur la « Progress Report Card » du Département de l'Education new-yorkais, a aujourd'hui un « B » et a reçu plusieurs évaluations positives. Elle est située sur un block tranquille de

Harlem. Les locaux paraissent un peu « vieillots » de prime abord. Mais ils sont lumineux et spacieux, à l'image de la cantine et de l'auditorium qui compte quelque 250 places. L'école vient de se doter d'un tout nouveau laboratoire de sciences et a refait le parquet de sa salle de gymnastique.

Les élèves de PS / IS 76 ont accès à plusieurs activités, notamment un camp d'été gratuit opéré par l'association Harlem Children Zone (HCZ). Elle offre aussi un afterschool en semaine avec ateliers de soutien scolaire, d'aide aux devoirs et activités artistiques et sportives. Le samedi, l'organisme New York Cares dispense un programme d'écriture. Les collégiens ont la possibilité de prendre des cours de danse de salon et de rejoindre l'équipe de lacrosse, qui vient d'être lancée. Autre point fort de l'école : la sensibilisation à l'entrée à l'université. Les élèves participent notamment à des visites de campus universitaires.

Le programme bilingue a commencé en septembre 2014 avec une classe de 6th Grade. Les niveaux supplémentaires seront ajoutés d'année en année jusqu'au 8th Grade. Quatorze familles du quartier avaient manifesté leur intérêt pour le programme pendant l'été. Un effectif restreint qui permet de « *bien commencer* », selon le directeur. Dans le programme, les cours de mathématiques et d'ELA (English Language Arts) sont en anglais, tandis que les cours de « social studies » ont lieu en français. Les élèves ont également la possibilité de prendre des cours de littérature avancée en français et un cours optionnel de français. « *Nous sommes une école de la communauté. Nous offrons des cours pour répondre aux besoins du quartier* », raconte Charles DeBerry. *Nous avons beaucoup de parents d'Afrique de l'ouest, qui parlent français* ».

ADMISSIONS

« *Notre objectif est d'avoir entre 25 et 30 élèves dans chaque classe* », souligne Charles DeBerry. Profil recherché : des enfants ayant déjà pratiqué le français à l'école ou à la maison. Le programme est ouvert à tous, quel que soit le district de résidence. Contacter l'école directement.

MS 256
Academic & Athletic Excellence

Adresse : 220 West 121th St, Manhattan, NY 10025
Tel. (212) 222-2857, Fax : (212) 531-0586

Type d'enseignement bilingue :
Français renforcé

Ages : 11-14 ans (6ème à 8ème Grade)

Nombre d'élèves : 159 (ensemble de l'école)

Frais de scolarité : Gratuit

Statistiques ethniques : 48 % Noirs ; 48 % Hispaniques ; 1 % Asiatiques ; 2 % Blancs

Taille des classes : 20-25

Principale : Brian Zager
Parent Coordinateur : STARRLYNN FIKARIS, SFikaris@schools.nyc.gov

APERÇU

LES PLUS : Ecole bien située ; utilisation de nouvelles technologies ; un des seuls collèges de New York avec un programme bilingue

LES MOINS : faible nombre d'inscriptions la première année ; niveau général très faible de l'école.

C'est la cohue à l'entrée du Joan of Arc Complex, le bâtiment qui abrite MS 256 et deux autres écoles. En cette belle matinée, les élèves se dirigent vers les salles de classes. On entend un « *au revoir* » s'échapper de la foule.

Le programme bilingue de cette « middle school » de l'Upper West Side, située sur une rue tranquille jalonnée de « brownstones », est tout nouveau. Il a été lancé à la rentrée 2013-2014 par deux mamans dont les enfants étaient scolarisés au sein du programme bilingue de PS 84, non-loin de là. « *Après le 5th Grade, il n'y avait plus rien pour eux* », explique l'une d'elles, Hannah Helms.

Pour des raisons de calendrier d'inscriptions, le programme n'a pas trouvé son public. Sa première classe de 6th Grade, en 2013-2014, comptait sept élèves lors de notre visite. Mais la directrice de l'école, la souriante Candida Frith, arrivée quelques jours avant la rentrée à la suite du départ précipité de son prédécesseur, a décidé de le maintenir. Et lors de notre rencontre, elle a indiqué avoir reçu 360 demandes d'inscriptions en provenance de l'ensemble de la ville pour l'année scolaire 2014-2015. Cette année la rentrée s'est donc faite avec une classe pleine. (Candida Frith n'est plus principale : elle a elle aussi été remplacée précipitamment juste avant la rentrée).

Comme d'autres avant elle, MS 256 entend utiliser le programme bilingue pour changer de visage, et tirer l'école vers le haut. Pour l'heure, les résultats académiques sont très faibles et de persistents problèmes de discipline ont été relevés par l'administration.

Pourtant MS 256 a plusieurs atouts. Elle possède une « feeder school » (PS 84), qui chaque année pourront lui envoyer la plupart des élèves de son programme bilingue, ce qui est gage de stabilité et de durabilité. Le programme a en outre, reçu plusieurs bourses de la part d'organismes publics et privés. En 2013, il a notamment obtenu 5.000 dollars de l'American Society of the French Order of Merit (AFSOM) pour acheter des i-pad. Ceux-ci, enfermés dans un coffre-fort dans la salle de classe de français, servent par exemple à faire des recherches sur l'Histoire de France et lire des livres virtuels. Les élèves les utilisent aussi pour s'enregistrer lorsqu'ils lisent un texte de manière à améliorer leur prononciation.

La majorité du temps de cours a lieu en anglais. « 60-40 % », selon la directrice. « *Ils sont déjà bilingues quand ils arrivent chez nous* », rappelle Christel De La Ossa, enseignante de français. Les élèves du programme suivent leurs cours de littérature française et de « social studies » (histoire-géographie) dans la langue de Molière. Ils ont également la possibilité de rejoindre, comme le reste de l'école, le « French Club » pour les enfants intéressés par la culture française. Ils y acquièrent du vocabulaire supplémentaire et explorent de manière ludique les traditions françaises, de la galette des rois à la « danse des canards ».

Les élèves non-anglophones peuvent suivre des cours d'anglais supplémentaires pour se mettre à niveau.

ADMISSIONS

Le programme bilingue de MS 256 est ouvert aux enfants anglophones et francophones bilingues ou « *capables de parler dans les deux langues* », précise Hannah Helms. Les élèves faisant partie d'un programme français ou bilingue français-anglais auront la corde. Ouvert aux enfants du district et du reste de Manhattan.

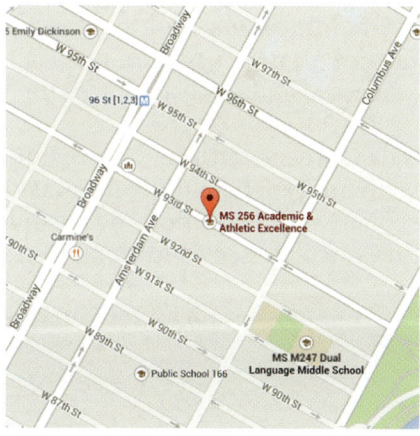

Les écoles privées homologuées

« Lycées français » : on connait l'expression, mais elle ne doit pas tromper. Aux Etats-Unis tous les « lycées français » et établissements assimilés sont 100 % privés, ils ne touchent aucune subvention directe du gouvernement français.

« Homologués » signifie qu'ils ont reçu l'estampille de l'Education Nationale française, qui atteste que l'enseignement qui y est dispensé est conforme aux programmes, aux objectifs pédagogiques et aux règles d'organisation applicables en France aux établissements de l'enseignement public.

L'inspection générale du ministère de l'Éducation nationale visite régulièrement les établissements et sanctionne la conformité à ces critères pour les différents niveaux d'enseignement.

La région de New York compte désormais 9 établissements homologués. Certains le sont pour l'ensemble de leur cursus, d'autres pour une partie seulement, mais nous les avons réunis tous ici pour des raisons pratiques.

Les droits de scolarité paraîtront exhorbitants aux nouveaux arrivés habitués aux écoles privées françaises subventionnées par l'Etat : jusqu'à 30,000 $ par an, mais la note est pourtant inférieure aux écoles privées les plus prestigieuses de New York.

S'ils ne reçoivent pas de subventions directes de la France, ces établissements bénéficient néanmoins d'une aide indirecte grâce aux bourses scolaires sur conditions de ressources. Il faut déposer un dossier auprès du Consulat. Les conditions sont les suivantes :

– l'enfant doit posséder la nationalité française ;

GUIDE DE L'ÉDUCATION BILINGUE

- il doit résider avec sa famille dans le pays où est situé l'établissement fréquenté ;

- il doit être inscrit, ainsi que le parent demandeur de la bourse, au registre des Français établis hors de France tenu par le consulat de son lieu de résidence ;

- l'enfant doit être âgé d'au moins 3 ans au cours de l'année civile de la rentrée scolaire ;

- les ressources de la famille ne doivent pas dépasser certains seuils fixés chaque année

Sommaire

- Lycée Français de New York (Upper East Side) — 116
- Ecole Internationale de New York (Grammercy Park) — 120
- United Nations International School (Midtown East) — 123
- International School of Brooklyn (Carroll Gardens) — 125
- Lyceum Kennedy Manhattan (Midtown East) — 128
- French American School of New York (Westchester) — 131
- French American Academy (New Jersey) — 135
- Lyceum Kennedy Ardsley (Westchester) — 138
- Ecole Franco-américaine de Princeton (New Jersey) — 140

LYCÉE FRANÇAIS de New York (LFNY)

505 East 75th Street (entre York Avenue et l'East River), New York, NY 10021-3462
Tel : (212) 369-1400, Fax : 212-439-4200 | Site : http://www.lfny.org

Catégorie d'établissement :
Etablissement privé homologué

Ages : 4-18 ans

Nombre d'élèves : 1350

Frais de scolarité : 29.100 dollars hors frais divers

Taille des classes : 22 maximum

Directeur : Sean Lynch

APERÇU

LES PLUS : Etablissement d'excellence, homologué ; classes de petite taille ; enseignement immersif pour les non-francophones en maternelle.

LES MOINS : Liste d'attente ; frais de scolarité élevés ; pas de petite section maternelle

Fondé en 1935, le LFNY a emménagé en 2003 dans son bâtiment actuel de la 77e rue, à quelques blocs de l'East River. Infrastructures modernes, propres, équipe enseignante de qualité, 100 % de réussite au baccalauréat, il a tout pour plaire, ce qui explique les longues listes d'attente qu'il enregistre tous les ans. Enfants de chefs d'entreprise, de diplomates et de personnalités du sport et du show biz, comme (par le passé) Victoria et David Beckham, Madonna ou encore Yannick Noah, se côtoient dans ses couloirs lumineux et colorés. « *Pour vivre heureux, vivons pudiquement. Nous ne commentons jamais l'identité de nos familles* », se contente de dire le proviseur, Sean Lynch, arrivé au LFNY en 2011.

Le Lycée français est un établissement privé homologué, ce qui signifie qu'il est reconnu conforme au programme du ministère de l'Education nationale. Les frais de scolarité sont de plus en plus élevés, mais restent inférieurs à d'autres établissements privés new-yorkais, souligne le proviseur, et des bourses sont disponibles pour aider les familles dans le besoin. « *Il faut s'adapter au niveau social* », reconnaît une maman dont l'enfant a rejoint le Lycée en cours de cursus. *Mais le Lycée arrive à créer une dynamique qui fait qu'on s'identifie rapidement à l'école ».*

Il suffit de faire quelques pas dans l'enceinte du « French Lycée » pour se rendre compte où va l'argent. Le bâtiment, qui a fait l'objet d'une importante rénovation, comporte une belle bibliothèque, une salle de spectacle qui accueille les manifestations du Centre culturel du LFNY, un gymnase spacieux où l'on peut aussi bien faire du foot que du basket et du volley. Lors de notre visite, les salles de classes, toutes équipées de smartboards (tableaux blancs interactifs), étaient bien rangées et propres.

Maternelle

En maternelle, le lycée met le paquet sur le bilinguisme. En pre-K et K, français et anglais occupent chacun 50 % du temps d'enseignement. Deux enseignants, un francophone et un anglophone, sont tous les deux présents dans la salle de classe. « *Les enfants parlent tous les jours dans les deux langues. Le programme est parfaitement bilingue, ce qui est unique* », précise Amy Zumflacht, directrice de la maternelle du Lycée. Les classes sont relativement petites, de 15 à 21 élèves, et composées de francophones et d'anglophones. Ce qui facilite un suivi personnalisé.

Les enfants apprennent à cuisiner, écrire, jouer, interagir dans les deux langues. Pour créer le sentiment de « communauté », les maternelles rendent parfois visite à leurs aînés pour leur présenter leurs lectures, par exemple. Autre originalité : la prise en compte du bien-être des élèves. Ces derniers doivent constituer un « mood meter », qui leur permet d'exprimer leur état émotionnel à l'aide de couleurs.

En pre-K, les non-anglophones peuvent suivre une classe d'immersion. Dans des groupes de 15-17 élèves, ils sont plongés dans le français, sous la supervision d'un enseignant français et de son assistant. Une heure par jour est consacrée à l'anglais. « *Il est plus difficile de rejoindre le Lycée au niveau K quand on est un enfant anglophone. Il faut deux ans pour bien se préparer* », estime Amy Zuflacht.

Primaire

Plongés dans un environnement bilingue en maternelle, les élèves du LFNY font le plein de français au primaire et au secondaire. D'un modèle « 50-50 » en maternelle, le français prend le pas sur l'anglais pour représenter 70 % du temps à partir de la classe de CP (1st Grade). « *Si nous voulons maintenir l'excellence en français, nous avons besoin de temps pour le faire* », explique Sean Lynch.

En arrivant au LFNY, cet ancien directeur de la prestigieuse section américaine du Lycée international de Saint Germain en Laye a voulu accroître l'usage des nouvelles technologies. Les élèves de primaire sont amenés à travailler avec des i-pad par exemple, pour visionner des vidéos et faire des quizz. Le positionnement pro-technologie ne plait pas à tous les parents. « *Ils passent leur temps devant les écrans* », se plaint un papa. Mais pour le personnel enseignant, c'est un « plus » indéniable. « *L'i-pad est exceptionnel. On peut travailler l'écriture, l'insertion d'images, faire des enregistrements pour travailler l'écoute et développer le langage* », souligne Mylène Ardid, coordinatrice du cycle 3 en primaire (CE2, CM1 et CM2).

Les projets communs entre les classes sont nombreux, afin de créer une « communauté LFNY ». Ainsi, en 2013, élèves de 4emes et CM1 se sont retrouvés dans l'une des classes-laboratoires du LFNY pour étudier les roches volcaniques. Les élèves de primaire ont accès à une grande variété d'after-school, du football aux échecs en passant par le journalisme et un atelier d'« art et recyclage ». Ces activités sont pratiquées en anglais, précise le proviseur, de manière à maintenir un semblant d'équilibre avec le français. De la maternelle à la Terminale, ceux qui veulent apprendre le violon, le piano ou le trombone ont également accès à des cours individualisés.

Collège et Lycée

L'établissement propose les trois sections traditionnelles - Scientifique (S), Littéraire (L) et Economique et Sociale (ES) –, en vue du bac. Les élèves de l'école ont la possibilité, dès le 11th Grade (Première), d'obtenir le diplôme de « High School » de l'Etat de New York. En Première et Terminale, ils peuvent aussi passer le Baccalauréat International et le Bac franco-américain (BFA), créé par l'Education nationale pour les élèves d'établissements français aux Etats-Unis.

Comme au primaire, l'essentiel du temps d'enseignement (70 %) au collège et au lycée se fait en français. L'accent est mis sur le suivi des élèves. Le Lycée revendique en effet une approche de « différentiation ». « *Même si nous avons 1.350 élèves en tout, nous essayons de les connaître, de tailler l'enseignement sur mesure* », souligne le proviseur Sean Lynch. Cela passe notamment par la nomination d'un professeur-référent qui se réunit chaque semaine avec un groupe de dix élèves. En outre, pour optimiser l'apprentissage des mathématiques, les élèves de Seconde et Troisième sont divisés en cinq groupes de niveaux. Neuf professeurs de mathématiques assurent leur suivi pour les préparer au mieux au baccalauréat.

L'accent est aussi mis sur l'orientation post-bac. Au LFNY, une équipe de quatre personnes assure cette mission. « *Entre 50-60 % de nos élèves restent aux Etats-Unis après le baccalauréat, dans les plus grandes université et l'Ivy League. Ils partent aussi au Canada anglophone et au Royaume-Uni. Seuls 10 % des élèves repartent en France* », précise Sean Lynch.

« *C'est une vraie surprise pour les élèves d'avoir ce genre de conseils*, souligne Rosie Huhn, dont le fils, Maximilien, a rejoint le Lycée en seconde. *Au Lycée, nous avions des réunions d'information pour les parents une fois par an et les élèves ont des rendez-vous individuels avec les conseillers. Je ne connaissais pas ça en France.* »

Autre surprise pour la maman : « *Les professeurs répondent aux e-mails tard dans la nuit* ». « *L'engagement des enseignants était variable comme dans toutes les écoles mais, dans leur ensemble, ils étaient impliqués. Il y avait beaucoup de communication entre les professeurs et les élèves* ».

En plus des cours traditionnels, les enfants du secondaire ont accès à un vaste choix d'activités co-curiculaires. Ils peuvent rejoindre un groupe de musique, une chorale, un orchestre, un club de philosophie, un atelier de « model UN » et un cours de salsa.

A noter que les élèves du LFNY (et surtout leurs parents) devront être ouverts à l'expérimentation pédagogique. Ainsi, en 2013-2014 une classe de Terminale a-t-elle pratiqué le système de la « classe inversée », dans lequel les élèves étudient le cours chez lui, le soir, à l'aide de différents supports en ligne ou vidéos et discutent, la journée, de ce qu'il ont appris avec un professeur tout en faisant des exercices.

ADMISSIONS

La maternelle est ouverte aux francophones et non-francophones de plus de 4 ans. Etre francophone est un « plus » pour le Kindergarten. Le dépôt des candidatures se fait sur le site de l'établissement. Les parents font l'objet d'un entretien et les futurs élèves d'une évaluation en petit groupe. Les postulants qui habitent en dehors de la région de New York sont priés d'envoyer des bulletins scolaires aussi détaillés que possible avec le dossier de candidature. Pour eux, l'entretien et l'évaluation ne sont pas obligatoires.

En primaire, au collège et au lycée, l'inscription se fait sur la base des bulletins scolaires pour les enfants provenant d'une école agréée par le ministère de l'Education nationale. Les autres devront passer un test de français, de maths et peut-être d'autres matières. Le nombre de places disponibles dépend du nombre de départs annoncés à la fin de la période des réinscriptions.

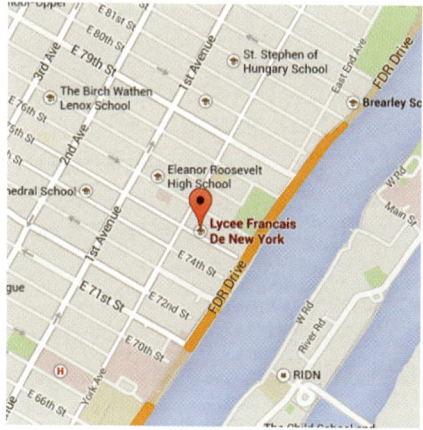

ÉCOLE INTERNATIONALE de NEW YORK (EINY)

Maternelle : 206 5th Avenue entre 25 et 26e, NY 10010
Primaire et collège : 111 East 22nd Street New York, NY 10010
Tel. 646-410-2238, Fax. 646-438-9320 | Site : www.einy.org, E-mail : info@einy.org

Catégorie d'établissement :
Établissement privé homologué

Ages : 3-14 ans

Nombre d'élèves : 200

Frais de scolarité : $28,875 sans compter les frais divers et les repas

Taille des classes : 20 élèves par classe

Directeur : Yves Rivaud

APERÇU

LES PLUS : École moderne, propre ; beaucoup d'activités périscolaires ; seule école bilingue dans le sud de Manhattan.

LES MOINS : Les cours de 3ème et de lycée ne sont pas proposés ; longue liste d'attente pour la maternelle.

Situé sur la 22e rue de Manhattan, entre Gramercy Park, Madison Square Park et Union Square, EINY a la chance d'être dans un « no man's land » bilingue.

Fondée en 2009 par un ancien de l'École bilingue de Berkeley (San Francisco) et du Lyceum Kennedy, le Français Yves Rivaud, et l'Américain Clyde Javois, cet établissement est pour l'heure la seule école franco-américaine dans le sud de Manhattan.

Cet avantage a permis à l'école de grandir rapidement. « *Nous voulions être dans ce quartier depuis le début*, souligne Yves Rivaud, le toujours distingué directeur de l'école. *Il y avait une demande très forte de bilinguisme de la part de parents français, francophones et internationaux qui voulaient que leurs enfants deviennent bilingues très tôt, très vite.* »

Maternelle

Depuis la rentrée 2014, EINY dispose d'un deuxième bâtiment, sur la 5e avenue. Les cinq étages qui abritent une grande salle polyvalente et une cour de récréation sur le toit, accueillent les trois sections

« maternelle » de l'école, avec deux classes pour chaque niveau. Mais pour y entrer, les parents devront faire preuve de patience. Victime de son succès, l'école a dû refuser « *80 dossiers* », selon son proviseur Yves Rivaud. « *Nous avons ouvert ce nouveau bâtiment car la demande est forte* ». Il faut dire que les classes sont petites. Elles sont plafonnées à 20 élèves grand maximum. L'enseignement dispensé se veut résolument bilingue, en vue du passage aux niveaux supérieurs. Le français occupe ainsi 60-65 % du temps d'enseignement en maternelle, contre 35-40 % pour l'anglais.

Les enfants ont aussi la possibilité de rejoindre des programmes avant et après l'école. De 7h45 à 8h30, ils sont accueillis dans le bâtiment dans le cadre du « Good Morning Program ». Un « day care » de 15h15 à 18h et de 18h à 18h30 est également disponible. Un large éventail d'activités est proposé (pâtisserie, origami, sports, mandarin, musique).

Primaire

EINY propose un primaire complet, du CP au CM2 (5th Grade). Une ancienne église entièrement rénovée, rebaptisée « Schoolhouse », qui se situe sur Park Avenue South, entre les 21e et 22 rues, accueille dans un environnement paisible (religieux presque) les classes de 4th et 5th Grade. La « Schoolhouse » se situe à quelques pas du bâtiment principal, donc les allers-retours se font en toute sécurité.

Sur la 22e rue, le bâtiment principal de l'école, composé de plusieurs étages, est moderne, propre. Lors de notre venue, les élèves en uniforme se déplaçaient sagement dans les couloirs de l'établissement, sous l'œil des enseignants. Avec son parquet luisant, le gymnase, salle polyvalente située à côté des bureaux de l'administration, est spacieux et lumineux. A la différence de la cage d'escalier exiguë et le « hall » d'entrée, où s'entassent les trottinettes.

Côté pédagogie, les enfants suivent les programmes français et américains dans les deux langues. Les fondateurs de l'EINY mettent un point d'honneur à maintenir cet équilibre. Ainsi, au primaire, trois jours sont consacrés au français, deux à l'anglais, avec des « *moments bilingues* » où les enseignants francophones et anglophones travaillent dans les deux langues avec les élèves sur des thématiques scientifiques ou littéraires. « *On prend les deux programmes français et américains séparément, et on les fusionne*, souligne M. Rivaud. *Il n'y a pas une langue plus importante que l'autre. Les deux programmes s'appuient l'un sur l'autre et se complètent. Au niveau des administrateurs de l'école, les enseignants doivent se rencontrer pour planifier, harmoniser.* »

Il y a de la place pour les autres langues, bien entendu. A partir du 3rd Grade, les élèves peuvent apprendre le mandarin. A partir du 6th Grade, ils pourront choisir une quatrième langue : l'espagnol.

L'école se targue d'avoir une offre de programmes périscolaires particulièrement riche, de la cuisine au sport en passant par le yoga, la science, le foot et les arts plastiques - un atelier « Tout en carton » propose par exemple de confectionner des objets uniquement… en carton. « *35 heures d'activités par semaine, c'est beaucoup pour une petite école comme la nôtre*, glisse Yves Rivaud. *Ça permet de faire un peu plus de français en dehors de la classe.* »

Collège

EINY a ouvert son collège à la rentrée 2013-2014, en gardant la recette qui a fait son succès : un enseignement résolument bilingue, qui fusionne programmes français et américain. En classe de 6e (Sixth Grade), les enfants suivent leurs cours de langue et littérature, d'histoire et de géographie en français, tandis que les cours de sciences sociales sont dispensés en anglais. Les mathématiques et les sciences sont dans les deux langues. Les classes, une par niveau, sont limitées à 18 élèves. Un niveau supplémentaire ouvre à chaque rentrée – le 8th Grade (4e) est prévu pour la rentrée 2015-2016.

L'offre de programmes « afterschool » pour les collégiens est, là encore, riche. Ainsi, un collégien d'EINY peut choisir entre de l'escrime, la robotique, du théâtre et des ateliers de débat pour terminer sa journée. Dès la 6e, ils ont la possibilité d'apprendre une quatrième langue : l'espagnol (après le français, l'anglais et le mandarin).

Pour l'heure, l'ouverture d'un lycée n'est pas envisagée. « *Les mètres carrés coûtent cher à Manhattan*, souligne Yves Rivaud. *Créer un lycée est un gros projet, vaste et coûteux. Une jeune école comme la nôtre ne peut pas tout faire.* »

ADMISSIONS

Ouvert aux francophones et non-francophones. Le dépôt des dossiers se fait sur le site internet de l'école. Les candidats retenus pour la maternelle, habitant à New York, sont invités à l'école pour participer à « EXPLOR'éiny », une évaluation ludique « in situ » qui permet de déterminer les aptitudes linguistiques et sociales des futurs élèves. Les candidats de 1st à 7th grade doivent passer un test administré par les enseignants francophones et anglophones d'EINY. Les élèves-candidats habitant en dehors de New York doivent faire parvenir leurs relevés de notes des deux années passées.

ÉCOLES PRIVÉES HOMOLOGUÉES

UNIS
(United Nations International School)

Campus principal : 24-50 FDR Drive, New York, NY 10010 | Tel: (212) 684-7400
Queens Campus : 173-53 Croydon Rd.
Jamaica Estates : NY 11432, (718) 658-6166
Site : http://www.unis.org

Catégorie d'établissement : école privée, avec programme bilingue de la maternelle à la terminale. L'UNIS est homologuée par l'Education nationale française du CE1 au CM2 seulement (campus de Manhattan et du Queens).

Classes offertes : Du Kindergarten (grande section de maternelle) au 12th grade (terminale) pour le campus de Manhattan, et jusqu'au 8th grade seulement (4e) pour le campus du Queens.

Nombre d'élèves : 1 550

Frais de scolarité : entre 29.000 $ et 32.000 $ selon les classes.

Taille des classes : entre 15 et 22 élèves, selon les niveaux.

Directrice : Jane Camblin

Directeur des admissions : John Nichols, jnichols@unis.org

APERÇU

LES PLUS : Grande diversité d'origines des étudiants.

LES MOINS : La localisation du campus de Manhattan, derrière la voie express ; programme francophone restreint ; pas de préparation au baccalauréat français.

« *Nous sommes l'école avec la plus grande diversité d'élèves au monde.* » C'est ainsi que se présente l'UNIS, école privée créée en 1947 sous les hospices des Nations Unies. Le premier bâtiment était dans le Queens. L'école possède désormais deux campus – le plus grand, dans East Midtown, est situé dans une enclave peu avenante, coincée entre l'East River et la voie rapide Franklin D. Roosevelt.

Et il est vrai qu'à déambuler dans ses couloirs, on croise des jeunes issus de la terre entière – même de Corée du Nord ou du Turkménistan. « *Au total, nous rassemblons 125 nationalités, et nos élèves parlent 100 langues* », décompte Laura James, la porte-parole de l'école.

Le cursus de l'UNIS, qui s'étend de la maternelle (Kindergarten) au 12th grade (Terminale) est propre à l'école, et il est dispensé en anglais. L'UNIS propose toutefois une option « francophone », réservée aux élèves bilingues, qui consiste à suivre entre 4 heures (au lycée) et 8 heures (en primaire) de cours en français par semaine. « *Cela peut être des maths, de l'histoire, des humanités, de l'informatique* », explique Ida Kummer, la directrice du programme francophone.

Le cursus de l'UNIS avec l'option francophone est homologué par l'Education nationale du CE1 au CM2 - ce qui rend les familles éligibles pour les bourses. Toutefois, si l'école s'inspire du programme officiel et utilise les manuels français, elle se laisse quelques libertés d'interprétation. « *Nous adaptons ce programme au contexte américain et international de l'école* », affirme Ida Kummer.

Au collège et lycée, si le programme francophone persiste, il n'est pas assez étendu pour permettre l'homologation. « *L'UNIS est avant tout une école internationale, pour des jeunes qui ne vont pas se diriger vers le système français* », justifie Ida Kummer.

Ainsi, les élèves ne passent pas le baccalauréat français, mais l'IB (international baccalaureate). « *L'IB n'est pas très connu en France, et la procédure pour intégrer un établissement français nécessite souvent de repasser des tests* », concède Pascale Fabre, directrice du département des langues à l'UNIS. « *Mais l'IB permet de poursuivre sans problèmes les études aux Etats Unis. C'est d'ailleurs ce que font les trois-quarts des élèves* ». L'UNIS compte des anciens parmi les plus prestigieuses universités du pays (Harvard, Columbia, Yale...). Une proportion importante se rend également en Grande-Bretagne. Quant à l'université McGill, à Montréal, elle attire de nombreux francophones issus des rangs de l'UNIS.

ADMISSIONS

L'admission à l'UNIS se réalise au mois d'octobre et novembre de l'année précédente – il existe toutefois des dérogations pour permettre des inscriptions en cours d'année, pour des familles arrivant à New York.

Chaque année, l'UNIS reçoit environ 700 candidatures, pour une centaine de places vacantes. Les enfants des salariés de l'ONU et des missions diplomatiques constituent en moyenne 60 % des élèves. « *Il n'y a pas de quotas, mais à niveau égal, ils sont prioritaires pour l'admission dans l'école* », précise John Nicols, directeur des admissions.

« *Nous demandons deux années de bulletins scolaires, et pas seulement des notes. Nous souhaitons aussi des lettres de recommandations* », poursuit John Nicols. Tous les élèves sont reçus en entretien. L'école peut également demander à un jeune de passer certains tests complémentaires, notamment en mathématiques. Quant au niveau d'anglais, « *il n'y a pas de niveau minimum, sauf pour les classes de 1ere et de Terminale, où les exigences sont fortes, car les élèves doivent passer l'international baccalaureate* ».

INTERNATIONAL SCHOOL OF BROOKLYN

477 Court Street | Brooklyn, NY 11231
info@isbrooklyn.org | 718-369-3023
Site : http://isbrooklyn.org/

Catégorie d'établissement :
Etablissement privé homologué pour les classes de maternelles seulement. Le reste du programme suit le cursus de l'International Baccalaureate.

Ages : de 3 ans à 13 ans (8th grade)

Nombre d'élèves : 320

Frais de scolarité : 22 à 24.000 $ en maternelle et primaire ; 30.000 $ en collège.

Taille des classes : 15 à 20.

Directrice : Rebecca Skinner

APERÇU

LES PLUS : Ecole à taille humaine ; pédagogie progressive ; baccalauréat international

LES MOINS : Locaux étroits ; effectifs réduits dans certaines classes ; ne suit pas le programme français en primaire et collège

Les dessins d'enfants sont partout dès passée la porte de l'ISB : c'est l'avantage d'avoir de petits locaux, pas d'espace perdu ! Installée dans les anciens locaux d'une église, l'école donne immédiatement une impression chaleureuse et intime.

Une impression qui ravit Rebecca Skinner, la directrice et co-fondatrice de l'établissement, militante de longue date de l'éducation progressive. Elle a créé l'école en 2005, notamment parce qu'elle cherchait une solution pour sa fille, qu'elle voulait voir apprendre le français, qu'elle parle elle-même pour avoir vécu en France.

« Lorsque nous avons créé l'école, le paysage de l'éducation bilingue était totalement différent », dit-elle. Première différence par rapport à ce qui existait à l'époque : ISB se veut une école internationale, pas uniquement française. Il existe deux programmes parallèles, français et espagnol. Et plutôt que le le cursus de l'Education Nationale française, l'école a choisi celui de l'International Baccalaureate, « qui insiste beaucoup sur la perspective globale, par exemple par les études comparatives, mais qui repose aussi sur une philosophie pédagogique qui fait de l'enfant un participant du processus d'apprentissage ». Bref un modèle différent du traditionnel rapport « maître-élève » à la française.

Toutefois, ISB ne rejette pas le système hexagonal : l'école est reconnue par le gouvernement français pour les classes de maternelle, c'est donc le programme de l'Education Nationale qui y est appliqué.

La place du français évolue au fil du cursus : de l'immersion 100 % française en maternelle à une place de plus en plus importante de l'anglais jusqu'à ce que le temps soit partagé à 50-50 à partir du 5th grade (10 ans).

Néanmoins pour beaucoup de parents, le caractère international de l'établissement est l'atout numéro 1. « Pour nous c'est un mix parfait entre systèmes américain et français, avec les avantages des deux, plus équilibré en tout cas que ce que nous avions dans le système purement américain où étaient nos enfants avant », note un

Cours de science à l'ISB (Photo: Caroline Mardok).

père d'élève. Un autre souligne l'importance des bourses (40 % des élèves en reçoivent), « cela donne une communauté très ouverte et absolument pas sectaire ».

Le « sens de la communauté » est en tout cas l'expression qui revient le plus souvent parmi les parents. « Nous sommes une école fondée par des parents, cela se sent encore » souligne Rebecca Skinner. La taille modeste de l'école contribue largement à cette atmosphère « familiale ». Mais c'est aussi là qu'est la limite de l'école pour certains. « Notre fils était depuis la maternelle avec le même groupe de 10 ou 12 élèves... à l'entrée de l'adolescence il avait envie d'autre chose », note une mère d'un ancien élève. Qui souligne toutefois que « la transition avec la nouvelle école s'est passée sans aucune difficulté : il était parfaitement préparé par ISB ».

Mais la taille va sans doute cesser d'être un problème : l'école continue de grandir. A la rentrée 2015, elle s'étendra à une bâtiment voisin, ajoutant ainsi 1300 m2 supplémentaires. « Nous aurons enfin un vrai gymnase et pas une petite salle minuscule ! » s'enthousiasme Olive, une élève du collège.

Malgré cet agrandissement, l'école ne prévoit pas d'aller au-delà du 8th grade (ce dernier niveau a ouvert à la rentrée 2014) et donc d'ouvrir une section high school dans l'immédiat. Le conseil d'administration a choisi de se concentrer d'abord sur la consolidation des niveaux existants, en continuant à faire grandir les écoles maternelle, primaire et collège. Dans les 4 ans à venir, les effectifs devraient passer à plus de 500 élèves.

ADMISSIONS

L'école reçoit les candidatures dès l'automne. La limite de dépôt des dossiers d'inscriptions est fixée au mois de décembre pour la rentrée de septembre de l'année suivante. En maternelle, francophones et anglophones peuvent entrer dans le programme français, mais à partir de la primaire il faut être bilingue. En primaire et au collège, le dossier d'admission comprend notamment deux lettres de recommandation d'enseignants, les notes des deux années précédentes et une interview de l'élève.

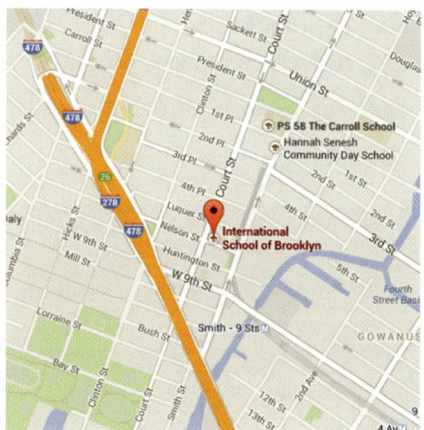

GUIDE DE L'ÉDUCATION BILINGUE

LYCEUM KENNEDY-MANHATTAN

225 East 43rd Street, New York, NY 10017 (maternelle et primaire)
815 2nd Avenue, New York, NY10017 (college et lycée)
Tel : (212) 681-1877, Fax : (212) 681-1922
Site : http://www.lyceumkennedy.org | Email : LKmanhattan@lyceumkennedy.org

Catégorie d'établissement :
Etablissement privé homologué

Ages : 3-18 ans

Nombre d'élèves : 230

Frais de scolarité :
de 23,470 à 24,580 dollars

Taille des classes : 15-18 élèves

Directrice : Dominique Velociter

APERÇU

LES PLUS : Facile d'accès (Midtown East) ; établissement homologué ; IB Bilingue depuis septembre 2014

LES MOINS : Campus urbain donc petite cour de recréation ; peu d'élèves au Lycée ; les classes de lycée sont nouvelles

Ne soyez pas surpris par le drapeau japonais dans l'entrée du Lyceum Kennedy : en plus de son école franco-américaine, l'établissement comporte une école japonaise. Le bâtiment principal du Lyceum se trouve sur un « bloc » tranquille, de la 43e rue. Des travaux de rénovation ont été entrepris il y a quelques années pour éliminer les salles de classes dites « aveugles », sans fenêtres, et rendre l'intérieur plus accueillant. Lors de notre visite, une partie des primaires étaient rassemblés dans une salle pour assister au « Spelling Bee » annuel, en présence de plusieurs parents et enseignants.

Pendant des années, le Lyceum Kennedy de Manhattan (voir page 138 pour l'antenne du Westchester) était une sorte de « Lycée français bis » : on y allait par défaut. Mais les temps ont changé. C'est en tout cas ce que veut croire sa direction. Elle vient de se doter d'une nouvelle antenne, non loin de son bâtiment principal de la 44e rue, pour accueillir son tout nouveau lycée. Elle propose, en outre, depuis septembre 2014 un « IB Bilingue ». Ce baccalauréat international d'un genre particulier viendra sanctionner le bilinguisme des élèves dans une série de matières (littérature, mathématique, histoire, biologie, « community service ») enseignées dans les deux langues.

Certains verront dans ces résultats le fruit des efforts réalisés par l'ancien proviseur Laurent Bonardi et son équipe. Arrivé en 2011 au Lyceum, il a entrepris de muscler l'offre bilingue fournie par cet établissement fondé en 1964 par une enseignante de français - M. Bonardi a depuis pris les commandes d'un établissement à l'étranger et le Lyceum est maintenant dirigé par Dominique Velociter, fondatrice de l'école franco-américaine du Rhode Island.

Maternelle et primaire

Jusqu'au CM2, les cours sont dispensés dans les deux langues, selon la règle du 50-50 : deux jours de la semaine sont en anglais, deux autres en français et le vendredi dans les deux langues. « *Cette alternance permet aux enfants d'être immergés en profondeur dans les deux langues* », soulignait Laurent Bonardi lors de notre rencontre, avant son départ du Lyceum. En cours, les élèves étudient les programmes français et américains dans leur intégralité. « *Les curricula sont au même niveau. Nous voulons que les élèves soient à l'aise dans les deux mondes* », poursuit le chef d'établissement. « *C'est un établissement véritablement bilingue* », acquiesce un parent d'élève, « *globalement satisfait* » de l'expérience de son enfant au Lyceum.

En maternelle, l'acquisition des langues se fait à travers diverses activités d'éveil (art, découverte du monde, éducation physique et sportive...). Petit bonus : les enfants de maternelles sont aussi exposés... à la culture japonaise. Plusieurs fois par an, ils participent à des demi-journées d'échange avec leurs camarades de l'école japonaise.

Les enfants doivent pouvoir lire dans les deux langues à leur entrée au 3rd Grade. Au terme du primaire, ils doivent pouvoir être en mesure de rejoindre n'importe quel collège français ou américain.

Pour les non-francophones, le Lyceum propose, de la Nursery à Kindergarten, une classe de transition pour mettre les enfants à niveau. Un tiers des élèves du Lyceum ne parlent ne parlent pas français à la maison. A l'inverse, des cours de soutien en petits groupes (12 élèves) ou individuels existent pour les francophones qui souhaitent se mettre à niveau en anglais.

Le Lyceum se targue d'offrir à ses élèves une pédagogie de projets. Les 1st Grade passent, par exemple, une nuit dans un aquarium, pour se familiariser avec le monde marin. Du 2nd au 5th Grade, ils partent en classe verte dans le Connecticut ou à Long Island.

Collège et Lycée

A partir du collège, la répartition des langues change en faveur de l'anglais (60-40). Certaines matières sont enseignées dans les deux langues comme les mathématiques, la littérature et l'histoire-géo. Il y a aussi des 'speciality classes' en anglais, comme la musique et les arts plastiques. Au 9th Grade, ils passent le Brevet. Ils apprennent une deuxième langue étrangère, l'espagnol, et font du latin dès le 7th Grade. Pour s'aérer l'esprit, en mars, les collégiens partent faire du ski et autres sports d'hiver à Hunter Mountain et participent à différents projets de « community service ».

Le lycée du Lyceum Kennedy a ouvert à la rentrée 2013 – impossible donc de dire pour le moment quels seront ses résultats en termes de placement dans les universités françaises et américaines. Aussi, en septembre 2014, la toute nouvelle terminale ne comptait qu'un seul élève...

A terme, les lycéens pourront passer le New York State Regents Diploma et passer des AP (Advance Placement) pour obtenir des crédits pour l'université américaine. Les élèves qui veulent passer le Baccalauréat français peuvent s'inscrire à la fin du 11th Grade aux Epreuves anticipées de français à travers le Centre des Examens USA. « *Nous visons les grandes écoles françaises et les grandes universités américaines* », souligne Dominique Velociter, la nouvelle directrice.

ADMISSIONS

L'école recrute francophones et non francophones à tous les âges. Au niveau du collège et lycée elle exige néanmoins que les élèves parlent couramment français et se contente d'un « niveau basique » en anglais. Les postulants à la maternelle et à la primaire sont reçus pour des journées ou demi-journées de « découverte » pendant lesquelles leur comportement est évalué.

Pour le collège et le lycée il faut fournir les bulletins scolaires de l'enfant, une lettre de motivation et deux lettres de recommandation de la part d'enseignants.

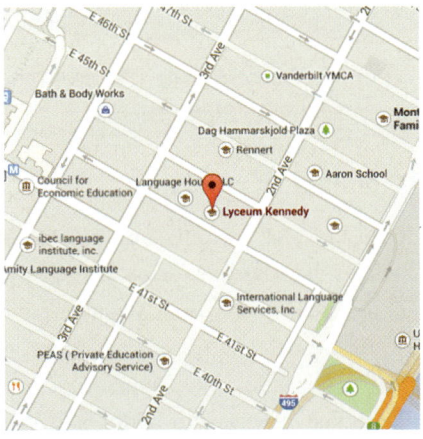

ÉCOLES PRIVÉES HOMOLOGUÉES

FRENCH AMERICAN SCHOOL OF NEW YORK (FASNY)

3 campus :
Adresse : 85 Palmer Ave, Scarsdale, NY 10583 (maternelle) | Tel : (914) 250.0522
111 Larchmont Avenue, Larchmont, NY 10538 (primaire) | Tél : (914) 250-0469
145 New Street, Mamaroneck, NY 10543 (collège et lycée) | Tel : (914) 250.0451
Site : http://www.fasny.org

Catégorie d'établissement :
école privée homologuée

Âges : 2,5-18 ans

Nombre d'élèves : 800

Frais de scolarité :
23.100 dollars (de septembre à juin)

Taille des classes :
Entre 16 et 20 élèves

APERÇU

LES PLUS : Inscriptions tout au long de l'année ; 30 ans d'expérience ; cadre agréable.

LES MOINS : Locaux du primaire vieillots, trop petits ; création du lycée récente, ce qui le rend encore peu connu auprès des universités américaines

La French American School of New York est en plein croissance. Et se voit obligée de pousser les murs, ou plutôt d'en construire de nouveaux. Actuellement éclatée entre trois différents campus, l'école franco-américaine du Westchester doit emménager dans les années qui viennent sur un tout nouveau campus unique, et « écologique », en lieu et place d'un énorme golf, à White Plains.

Maternelle

« *Le langage avant tout !* » Tel le message central de la maternelle de la FASNY, installée depuis 2005 à Scarsdale, dans le Westchester. L'école, créée par deux institutrices du Lycée français de New York (LFNY) en 1980, était auparavant localisée sur le campus de Larchmont, où se situe l'école primaire. Elle suit le programme de l'Education nationale, avec une ouverture sur la culture américaine.

Dès la classe de « nursery » (petite maternelle), l'acquisition du français est la priorité : 80 % des heures de classes sont assurées dans la langue, afin que les enfants se construisent des bases solides. C'est d'ailleurs en français que les élèves apprennent à lire. L'anglais est introduit petit à petit, pour arriver à un équilibre français/anglais à partir du CE1.

« *Comme tout le monde n'est pas égal face au bilinguisme, nous avons une approche personnalisée. Nous proposons des cours de soutien en français ou anglais, en petits groupes* », raconte Isabelle Adamo, la directrice de l'école, qui enseigne à la FASNY depuis 1986. « *Nous ne nous contentons pas d'immerger les enfants dans une langue : nous avons des enseignants spécialisés qui travaillent sur l'acquisition du langage, et qui connaissent les difficultés rencontrées par certains* ».

A la fin de l'école (vers 15h), les enfants ont accès à des clubs thématiques (environ 300 dollars par semestre) : échec, cuisine, ballet, légo, fabrication de bijoux…L'école propose aussi une garderie classique, jusqu'à 18h15. L'été, l'école organise des camps (payants) à Larchmont ou dans les Catskills.

Primaire

Installée à Larchmont, dans un havre de verdure chic aux pelouses luisantes et aux maisons cossues, l'école primaire de la FASNY (French American School of New York) joue le rôle d'aimant pour toutes les familles d'expatriés qui souhaitent se mettre au vert.

Installée dans une ancienne école catholique adossée à une église, elle accueille avant tout des enfants de familles françaises ou franco-américaines. « *Mais pas seulement. Au total, nous avons 45 nationalités dans l'école* », assure Julie Faure, la directrice. A l'intérieur, l'ambiance est détendue, les élèves souriants. « *Ce sont des jeunes assez adaptables. Beaucoup ont grandi dans différents pays. Certains parlent trois, voire quatre langues* », glisse la directrice.

La FASNY est homologuée par l'Etat français, et tous les élèves suivent à la fois le programme de l'Education nationale et le programme américain. Tout au long de la scolarité, les cours de français, les mathématiques, l'histoire de France et la géographie sont enseignés en français. Les sciences, la musique, l'art, l'éducation physique et l'informatique sont enseignés dans les deux langues selon les classes. « *Nous arrivons à un équilibre 50/50 dans chacune des langues* », affirme la directrice.

Aussi bien dans les tests standardisés français qu'américains, les résultats de l'école sont très bons. « *Nous dépassons les écoles de la région, alors même que nos élèves n'ont souvent pas l'anglais comme langue maternelle* », affirme la directrice.

L'école intègre de nombreuses activités artistiques dans son cursus (musique, art, théâtre), et possède un gymnase spacieux. Des cours d'anglais langue étrangère sont proposés, ainsi que des cours de soutien personnalisé, et de l'aide aux devoirs trois fois par semaine. Après l'école, les élèves ont aussi accès à des clubs thématiques.

Collège et Lycée

D'apparence, le campus de Mamaroneck a tous les atours d'un lycée américain classique, avec ses locaux fonctionnels sans charme, ses casiers, ses posters évoquant la « prom night » et des blondinets qui circulent en short, une raquette à la main. Sauf que le profil des élèves n'a rien de banal : enfants d'expatriés (français, mais pas seulement) ou issus de couples franco-américains, la plupart sont bilingues ou trilingues, et ont vécu dans plusieurs pays. « *Beaucoup ont des parcours originaux, ce qui leur donne souvent une grande maturité et adaptabilité* » observe Marc Rosenblum, le directeur du lycée, un Américain qui a enseigné le français aux Etats-Unis, et l'histoire au lycée international de Saint-Germain-en-Laye.

« *Ce qui m'a plu d'emblée, c'est l'ambiance très chaleureuse et familiale. Et puis, il y a une grande entente entre l'administration et les parents, qui sont intégrés aux décisions*, affirme Sophie Le Jamtel, la présidente de l'association des parents. *Au début de chaque année, nous organisons des cafés et des déjeuners pour que les parents se rencontrent* ».

« *Le niveau des cours enseignés en anglais équivaut à celui des meilleures écoles privées de la région de New York* », assure Helaine Couty, la directrice du collège, ancienne professeure de biologie au lycée français de San Francisco. Au brevet (en fin de 3e), 90 % obtiennent une mention « bien » ou « très bien ».

Cérémonie de remise de diplômes à la FASNY (Crédit: FASNY)

A partir de la seconde, l'accent est mis sur la préparation au bac. La FASNY propose deux classes de terminale, ES et S – pour une trentaine d'élèves au total. « *La filière L est trop spécialisée pour les universités américaines* », justifie Mark Rosenblum.

Tous les élèves se présentent au bac, la grande majorité avec l'option internationale (IOB). Le taux de réussite est de 100 %. « *Sur les quatre dernières années, 95 % ont obtenu une mention, ce qui nous place en tête de tous les établissements français aux Etats-Unis. Et un tiers décroche une mention 'très bien'* », se félicite le directeur. L'école a également remporté plusieurs prix au concours général.

Autre point positif : à côté des cours classiques, la FASNY propose une panoplie d'options « maison » (en anglais) comme « prise de parole en public », « maths économiques », « programmation informatique ». Des séjours d'échanges sont organisés avec la Bolivie et l'Allemagne. Fidèle à la tradition américaine, l'école abrite aussi une multitude de clubs : jazz, maths, Afrique, écologie, journal, photo...

Toutefois, le lycée FASNY est encore jeune (les classes de première et terminale ne sont proposées que depuis cinq ans). Avec des promotions très réduites (35 à 40 bacheliers par an), il n'est pas aussi « connu » dans les universités américaines que son concurrent, le Lycée français de New York (LFNY). Mais la FASNY veut y remédier via son équipe de trois conseillers qui aident, dès la seconde, les élèves à réussir leurs candidatures, et qui font connaître la FASNY auprès des recruteurs universitaires.

« *L'école a vraiment fait des effort pour essayer de se faire connaître auprès des universités* », assure Sophie Le Jamtel.

L'année dernière, la moitié des bacheliers a intégré une université américaine (Université du Michigan, de Pennsylvanie, du Vermont, Columbia, Boston University). Un bon tiers a préféré profiter des frais de scolarité attractifs des universités canadiennes (en particulier McGill). Sept se sont présentés à Sciences Po Paris... et 7 ont été reçus !

ADMISSIONS

Les critères d'admission changent selon l'âge des enfants : les petites et moyennes classes de maternelles acceptent les non francophones, après test. Les enfants issus d'un établissement français ou homologué n'ont eux pas de test à passer.

A partir du primaire, l'admission reste relativement aisée pour les élèves qui proviennent du système français. Pour les autres, l'admission est plus difficile. Les élèves doivent se soumettre à une évaluation de leur niveau de langue. La FASNY est très exigeante sur le niveau de français. « *Pour ceux qui ne maitrisent pas complètement cette langue, la porte d'entrée se situe davantage au niveau de l'école maternelle* », prévient Julie Faure. En revanche, il n'y a pas de niveau minimum d'anglais.

La « middle school » et la « high school » de la FASNY sélectionnent leurs élèves sur dossier. Pour postuler, il faut être issu du système scolaire français, ou être bilingue dans cette langue. « *Nous sélectionnons les élèves en regardant les notes, les appréciations, les lettres de recommandation. Nous cherchons des jeunes motivés par la réussite, adaptables, et qui vont vouloir s'intégrer dans le groupe* », résume Marc Rosenblum. « *Chaque cas est traité individuellement. Nous sommes parfois amenés à faire des entretiens par Skype.* »

FRENCH AMERICAN ACADEMY

Trois campus :

New Milford : 1092 Carnation Drive, New Milford, NJ 07646 | Tel : (201) 338-8320
(campus principal)
Morris Plains : 131 Mountain Way, Morris Plains, NJ 07950 | Tel : (973) 206-1114
Jersey City : 209 Third Street, Jersey City, NJ 07302 | Tel : (201) 459 6462
Site : http://www.faacademy.org

Catégorie d'établissement : privé homologué (jusqu'au 2nd grade pour l'instant)

Ages : New Milford : de pre-K (2 ans) à 5th grade (8 ans). Morris Plains : Pre-K (3 ans) – 1st grade (4 ans). Jersey City : Pre-K (2 ans) – 2nd grade (5 ans)

Nombre d'élèves : 300 (en tout, sur les trois campus)

Frais de scolarité : entre 15.000 et 17.000 dollars

Taille des classes : 12/13 enfants en maternelle et 15 à 18 en élémentaire

APERÇU

LES PLUS : Petite structure ; équipe enseignante et administrative très enthousiaste.

LES MOINS : Pas encore de collège ; localisation qui n'est pas idéale pour se faire connaître des familles françaises.

Anne-Sophie Guéguen l'admet en souriant : si elle a créé la French American Academy (ex French ABC) en 2008, c'était au départ pour des besoins personnels. Maman de trois petites filles, enceinte d'une quatrième, elle ne voulait pas que sa dernière née soit, comme les autres, scolarisée dans une école américaine où son niveau de français aurait faibli à vue d'œil. Puis, en discutant avec son entourage, elle se rend compte que son inquiétude est partagée et se lance dans l'immense projet d'ouvrir une école bilingue dans le New Jersey.

La maternelle ouvre donc à la rentrée 2008, avec un peu moins de 25 enfants et l'école grandit en ajoutant la classe supérieure chaque année. Aujourd'hui, French American Academy compte trois campus dans le New Jersey (Morris Plain, Jersey City et New Milford) et près de 300 élèves en comptant les cours du soir et les camps d'été. L'école vient d'ouvrir son

A la maternelle de la French American Academy (Credit: FAA)

troisième campus qui accueille depuis la rentrée des enfants de la maternelle au CP, « *le campus de Jersey City a vocation à grandir, la population francophone et francophile des environs est énorme* », explique la fondatrice et chef d'établissement. L'ouverture du collège est prévu pour 2016 mais Anne-Sophie Guéguen n'envisage pas d'aller jusqu'aux classes de lycée.

Dans cette petite école ultra moderne - des tableaux interactifs ont été installés dans toutes les classes et les enseignants travaillent tous avec des ordinateurs Apple et des I-pad – le bilinguisme est au cœur du projet pédagogique. « *On va au delà de l'apprentissage de la langue, on fait également travailler la plasticité du cerveau grâce à la maitrise des deux langues, c'est un outil formidable* », précise Anne-Sophie Guéguen. L'enseignement est progressif : beaucoup de français dans les petites classes puis de plus en plus de cours en anglais au fur et à mesure que les enfants grandissent. Quelques cours se font en binôme de professeurs franco-anglais, comme les sciences, mais la plupart des matières sont enseignées dans une des deux langues. L'école propose également des cours en after-school ainsi que des summer camps.

Le programme combine les principes de l'Education Nationale et le Common Core américain. Mais si les élèves sont soumis aux tests standardisés des Etats-Unis, ceux-ci n'ont aucune influence sur leur passage en classe supérieure, contrairement aux écoles publiques new-yorkaises. A la sortie de French American Academy, les enfants sont habilités à entrer dans un établissement américain comme dans une école francophone.

Environ un tiers des élèves n'ont aucun parent qui parle le français à la maison, ni aucun lien avec la langue avant d'entrer à l'école. Ils réussissent à maîtriser la langue après quelques années passées dans l'école. Armel Joly, parent de deux garçons de neuf et quatre ans témoigne de « *l'intégration parfaite* » de ses enfants au sein de l'établissement, grâce à une ambiance chaleureuse et familiale.

Les parents français de l'école sont surtout ravis, et souvent encore étonnés, d'avoir trouvé une école française dans le New Jersey. La croissance rapide de l'école a accompagné l'augmentation significative du nombre de Français de ce côté-ci de l'Hudson River. « Pour nous c'était une excellent surprise de réaliser que l'école existait et que l'on pourrait venir loger ici -où les appartements sont nettement moins chers qu'à Manhattan » souligne une maman. Les frais de scolarité, eux aussi significativement moins élevés quà New York, sont une autre source de satisfaction des familles.

Pour conclure, Anne-Sophie Guéguen insiste sur les trois conditions nécessaires pour elle pour réussir le défi du bilinguisme : « *commencer le plus tôt possible, de manière intense et durable* ». Conditions qu'elle s'applique à mettre en pratique au sein de classes à effectif réduit, pas plus d'une quinzaine d'élèves par classe, pour pouvoir « *connaître chaque enfant, leurs forces et leurs faiblesses* ».

ADMISSIONS

Le dossier de candidature est disponible sur le site de la French American Academy. Dès réception du dossier, l'école proposera un rendez-vous aux parents pour un entretien et une visite de l'école. En fonction de l'âge de l'enfant, celui-ci assistera à une classe ou rencontrera le responsable pédagogique. Des bourses sont disponibles.

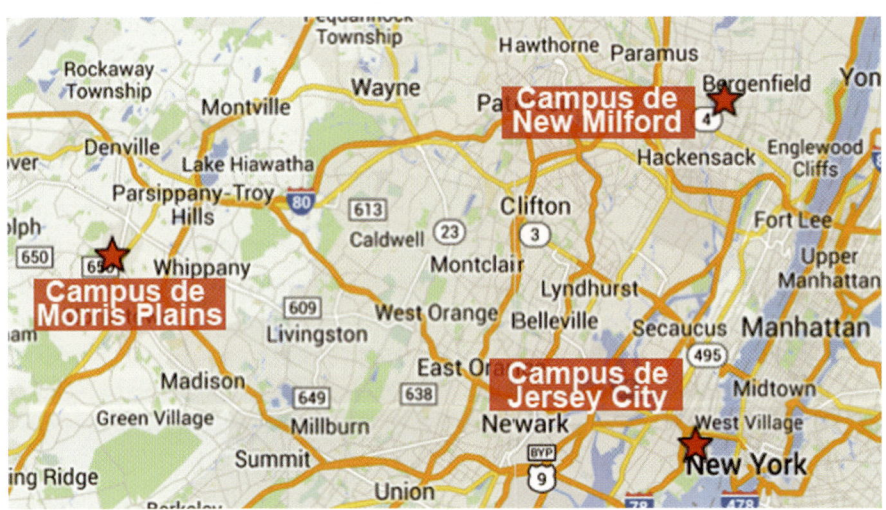

LYCEUM KENNEDY (campus d'Ardsley)

1 Cross Road Ardsley, NY 10502-2002
Tel : (914) 479-0722, Fax : (914) 479-0280
Site : www.lyceumkennedy.com | Email : info@lyceumkennedy.org

Catégorie d'établissement :
Etablissement privé homologué

Ages : 3-11 ans (Nursery-5th Grade)

Nombre d'élèves : 40

Frais de scolarité : 14.910- 22.980 $

Taille des classes : variable

APERÇU

LES PLUS : Classes de petite taille. Etablissement humain, flexible ; classe de « transition » pour les non-francophones

LES MOINS : Pas de collège ni de lycée (les élèves peuvent continuer leur scolarité sur le campus de Manhattan)

« C'est comme une école de campagne ». En arrivant de New York au Lyceum Kennedy à Ardsley, on se met rapidement au vert. L'école est située à une trentaine de minutes en train de Manhattan, dans le Westchester. Le calme règne dans ce bâtiment de deux niveaux, qui accueille 40 élèves (alors qu'il possède une capacité de 80). Sur les murs de brique, on aperçoit des représentations de la Vierge et du Christ. Le Lyceum n'est pas affilié à une quelconque dénomination religieuse mais une école catholique est propriétaire des lieux. « *Personne ne les remarque* », sourit Susan, la directrice adjointe.

Fondé en 1997, le Lyceum Kennedy d'Ardsley n'a pas beaucoup d'élèves mais l'assume. Ses responsables, à commencer par sa chaleureuse directrice Bénédicte Brouder, s'efforcent de créer une atmosphère conviviale et familiale. « *Nous sommes un petit campus mais de ce fait, l'école est hyper conviviale, très orientée vers les parents, les familles. Elle fonctionne comme une communauté. C'est ça qu'on aime,* s'exclame Bénédicte Brouder. *Les élèves sont bien formés. Les résultats ELA (English Language Arts) le montrent. Ils sont aux niveaux 3-4 et obtiennent les meilleures notes dans les classes de français et d'anglais quand ils poursuivent leur scolarité dans d'autres écoles ».*

Les élèves, qui viennent de tous les recoins du monde, connaissent bien leurs enseignants. Et pour cause, ils les voient aussi en dehors de la salle de classe. Ces derniers animent les nombreux ateliers « after-school » (yoga, danse, foot...) et leur servent même le déjeuner à midi. Particularité du campus d'Ardsley : l'existence de double-niveaux (CP-CE1 par exemple) pour dynamiser l'apprentissage. *« Si un élève le peut, on le fait aller plus vite. Sinon, on peut facilement faire de la remédiation »*. Tous les jours, quel que soit le niveau, les élèves passent leur journée en français et en anglais. En maternelle, la majorité du temps d'enseignement a lieu en français (60 %), mais la répartition s'inverse au fur et à mesure que la scolarité progresse. Les cours de mathématiques, sciences, art, lecture, sports ont lieu en français. L'équipe enseignante est restreinte (10 enseignants) et vient de France et des Etats-Unis.

La directrice anime aussi une classe dite de « transition », qui dispense des cours de français supplémentaires aux élèves non-francophones qui rejoignent l'école en primaire.

Les salles de classe ne sont pas de la première fraîcheur, mais le bâtiment est propre, rangé, et lumineux (pour les salles situées au rez-de-chaussée). Vrai atout : le Lyceum dispose d'un gymnase spacieux, inondé de lumière, équipé d'une scène ou ont lieu les spectacles, sous les yeux – encore – de plusieurs portraits du pape.

La scolarité à Ardsley se termine au 5th Grade. Mais les enfants qui souhaitent rester au Lyceum sont dirigés vers le campus de Manhattan, sur la 44e rue, où ils peuvent poursuivre leur scolarité jusqu'au 12th Grade. Sinon, ils rejoignent la French American School of New York (FASNY), également dans le Westchester, et des écoles privées « *avec de forts programmes en langue* », précise la directrice. L'école propose aussi un camp d'été opéré par le groupe Bonjour New York.

ADMISSIONS

Ouvert aux francophones et non francophones âgés de 3 ans et plus. Les dossiers sont à remplir sur le site de l'école. Les postulants devront participer à des journées ou demi-journées de « découverte » pendant lesquelles leur comportement dans la salle de classe sera évalué.

ECOLE FRANCO-AMÉRICAINE DE PRINCETON

75 Mapleton Road, Princeton, NJ 08540
Tel : (609) 430-0370 | Site : ecoleprinceton.org

Catégorie d'établissement : école privée homologuée

Classes offertes : de la petite section de maternelle à la 4ème (8th grade)

Nombre d'élèves : 156 en tout, avec une concentration plus importante dans les petites classes

Frais de scolarité : 16.304 dollars pour la maternelle, 17.018 pour l'école primaire, 17.935 dollars pour le collège (avec possibilité d'aides du gouvernement français)

Taille des classes : de 14 à 18 élèves en moyenne

APERÇU

LES PLUS : Très belles installations ; enseignement réellement bilingue.

LES MOINS : Liste d'attente pour la maternelle ; très petite école ; pas de lycée.

« *On se croirait dans l'école de Harry Potter* », parole d'enfant ! Installée dans un ancien séminaire de prêtres catholiques, l'école nous fait pénétrer dans une atmosphère néo-gothique aux aspects magiques. Mais ici, pas question d'étudier la sorcellerie, plutôt les programmes homologués par le Ministère de l'Education nationale.

Cette école bilingue et biculturelle cherche à allier les points positifs du système français aux points positifs du système américain, comme la grande place accordée aux activités. Si l'école a choisi un programme bilingue au lieu d'une immersion totale dans la langue française, c'est pour permettre aux enfants une gymnastique de l'esprit encore plus grande. « *Aujourd'hui les parents ne veulent pas que du français, ils tiennent vraiment à ce que leurs enfants maîtrisent parfaitement deux langues, c'est* la beauté de notre programme » raconte Marie Lavigne qui fait partie de l'équipe de l'école.

A la maternelle, les enseignants se concentrent sur l'apprentissage de la langue. Ainsi, les activités proposées en classes encouragent les enfants à prendre la parole : les faire décrire des choses simples, raconter des histoires réelles ou imaginaires, découvrir différents supports comme les journaux, les affiches, les recettes, etc.

En primaire, les élèves affinent leur connaissance de la langue française et anglaise en appliquant leurs acquis linguistiques à des matières telles que l'histoire, les sciences et l'art. A partir du CE2, des lectures dans les deux langues sont conseillées lors des vacances d'été, pour maintenir le niveau de langue. Les enseignants donnent tous des cours dans leur langue maternelle.

Au collège, le programme est adapté à la fois de celui de l'Education nationale et de l'Etat du New Jersey afin que les enfants puissent, en sortant de l'école, choisir d'étudier dans un lycée français ou américain. Arrivés en 6ème, les élèves doivent choisir une LV3 qu'ils garderont pendant les trois années passées au collège. Sont enseignés en français la littérature, les sciences sociales, les mathématiques, l'art et l'histoire de l'art. Sur les 28h de cours par semaine, au moins 11h30 le sont en français.

« *L'école est très internationale, nous avons des enfants qui viennent de partout dans le monde, mais nous avons également beaucoup de franco-américains* » affirme Marie Lavigne. La prestigieuse université de Princeton et ses enseignants très internationaux fournit une grande part des familles de l'école.

En terme d'équipement, l'école franco-américaine a tout pour plaire : un grand gymnase parqué, un terrain de basket, une scène pour les spectacles, une grande cours de récréation pour les plus petits et de vastes terrains pour les plus grands. L'école est aussi équipée d'i-pad (pour les collégiens), de tableaux interactifs, de projecteurs et d'ordinateurs portables.

L'école propose également un service de garderie et d'aide aux devoirs tous les jours de la semaine.

De nombreuses activités extra scolaires sont aussi proposées après l'école (15h-18h) : zumba, cours d'espagnol, golf, échec, activités manuelles, pâtisserie, etc. La liste des activités est modifiée chaque trimestre.

ADMISSIONS

Pour la maternelle l'école ne requiert pas de niveau de langue anglais/français particulier. Il faut que les enfants aient 3 ans dans l'année en cours pour pouvoir être acceptés. L'école demande également à ce qu'ils soient propres. Quand ils arrivent en primaire, l'école leur fait passer un test de langue en début d'année pour voir s'ils sont au niveau requis par l'école.

Un entretien avec les parents est également organisé pour voir si l'enfant est prêt à suivre un programme bilingue car bien entendu, ce type de scolarité demande énormément de travail et d'investissement.

Les écoles privées non homologuées

Ici « non homologuées » signifie que les programmes ne sont pas estampillés par l'éducation nationale française. Pour le reste ces établissements ont bien sûr toutes les autorisations des autorités américaines. Dans cette catégorie dominent les « pre-k » (pre-kindergarten), soit les écoles maternelles entre 3 et 5 ans (à New York, l'école primaire gratuite et universelle commence à 5 ans en kindergarden soit la grande classe de maternelle).

Là aussi, grande hétérogéneité: de la crèche en appartement à l'école à plusieurs classes, il y en a pour tous les goûts. Beaucoup de ces écoles ont en commun d'avoir un fondateur ou (plus souvent) une fondatrice passioné(e) d'éducation qui trouve dans l'ouverture d'une école une façon de mettre en application ce à quoi il ou elle croit. Cela donne à nombre de ces écoles une atmosphère familiale, et des parents souvent très attachés à l'école, même si leurs enfants n'y passent que quelques années.

Nombre de ces écoles ont aussi prospéré sur un manque criant à New York: la grande rareté des écoles maternelles. Comme il faut bien faire quelque chose de ses enfants avant 5 ans, le business des crèches et des « pre-k » est florissant. Cela pourrait changer dans les années à venir avec l'arrivée du nouveau maire Bill de Blasio. Celui-ci a promis pendant sa campagne électorale la maternelle pour tous les enfants de la ville à partir de 4 ans en 2016, soit 73 000 places. En 2013, il n'existait que 20 000 places de maternelle, toutes chèrement disputées, dans les écoles publiques de la ville. A la rentrée 2014, première rentrée de de Blasio, on était déjà passé à plus de 50 000. Pour l'heure bien peu de ces nouvelles classes sont bilingues, et aucune en français. Mais cela pourrait changer dans les années à venir.

GUIDE DE L'ÉDUCATION BILINGUE

Sommaire

- L'Atelier New York (Upper East Side) — 144
- Fiaf Pre-school (Upper East Side) — 146
- La Petite Ecole Upper West Side — 148
- La Petite Ecole Tribeca — 150
- Village Pre-School (West Village — 151
- Le Petit Paradis (Upper East Side) — 152
- Les Petits Poussins (Harlem) — 154
- L'Ecole des Petits (Boerum Hill, Brooklyn) — 156
- GreenBean (Greenpoint, Brooklyn) — 158
- Hands on World (Carroll Gardens) — 159
- Le Jardin de Louise (Ditmas Park, Brooklyn) — 161
- Language Laughter Studio (Boerum Hill, Brooklyn) — 163
- Science, Language & Art (Fort Green, Brooklyn) — 165
- Little Language League (Rye, Westchester) — 167

L'ATELIER NEW YORK

Adresse : 271 West 73rd Street, New York, NY 10023
Tél : (646) 351-6240 | Site : http://www.latelierny.com | E-mail : latelierny@gmail.com

Catégorie d'établissement :
privé non homologué

Ages : de 2 ans et demi à 3 ans et demi pour la petite section ; à partir de 3 ans et demi pour les grandes et moyennes sections

Nombre d'élèves : 32 au total (16 le matin, 16 l'après midi)

Taille des classes : 8 élèves maximum

Frais de scolarité : $19.500 l'année (du lundi au vendredi, de 9h à 12h pour la Petite Section, de 13h à 16h pour la Moyenne et la Grande Section)

APERÇU

LES PLUS : Locaux spacieux et lumineux ; jardin privé ; programme inspiré du système des écoles maternelles françaises ; suivi des élèves avec cahier de correspondance.

LES MOINS : Emploi du temps limité à trois heures pour chaque section ; prix élevé.

Les trois fondatrices de l'Atelier, Cécile Depraetere, Emmanuelle Benoit et Aurélie Boquet se sont rencontrées lorsqu'elles enseignaient au Jardin à l'Ouest, pre-school renommée de l'Upper West Side qui a fermé ses portes en juin 2013. Toutes les trois titulaires de diplômes français, fortes de leur expérience dans l'enseignement bilingue, elles ont décidé de fonder l'Atelier. Parmi les petits élèves, une dizaine d'anciens du Jardin les ont suivies. « *Les parents ont fait preuve d'une confiance qui nous a beaucoup touchées,* raconte Emmanuelle Benoit, *ils ont signé avec nous alors que nous n'avions pas encore trouvé notre local* ».

L'école, située au cœur de l'Upper West Side, est grande pour un « family daycare » d'une quinzaine d'élèves. Le premier niveau, où se trouvent la bibliothèque, le bureau des fondatrices et une salle appelée « atelier des connaissances », est très lumineux et donne sur un jardin privatif accessible aux enfants. Le sous-sol, pourvu de grandes fenêtres, est un vaste espace divisé en trois zones d'apprentissage : découverte, motricité et art.

Les trois enseignantes, proposent une maternelle à la française, avec une petite section en matinée et une moyenne et grande section l'après-midi. La démarche est plus « scolaire » que dans le système américain. « *Nous mettons l'enfant au centre pour qu'il s'interroge sur ce qu'il apprend. C'est lui qui construit son savoir.* » Elles déclarent s'inspirer de l'école publique française, plus académique. « *Nous travaillons sur fiche, l'enfant a son propre cahier et les parents peuvent suivre ses acquisitions. Nous accordons aussi beaucoup d'importance à l'apprentissage du soin.* » Elles estiment que les premières années de scolarité sont déterminantes pour apprendre à « *écrire et dessiner joliment* ».

L'immersion dans la langue française est totale et les groupes sont constitués dans la mesure du possible d'un tiers d'enfants francophones, un autre tiers exposé à la langue française et un tiers non francophone. Leur grande expérience leur a démontré que ce sont les proportions qui donnent les meilleurs résultats, grâce à l'émulation qui peut exister dans le groupe. Elles ont également noté que « *les enfants osent prendre des risques et savent travailler les uns avec les autres* » dans les écoles américaines et veulent donc s'en inspirer pour transmettre à leurs petits élèves la confiance en soi et la capacité à parler devant le groupe.

L'Atelier propose aussi des classes d'enrichissement hebdomadaires après l'école pour les plus de 3 ans de janvier à mars à partir de $375 ainsi qu'un camp d'été.

ADMISSIONS

Les inscriptions se font très tôt, presque un an à l'avance pour être sûr d'avoir une place. Il se peut qu'il y ait quelques places disponibles après la fin du processus d'inscription, il ne faut donc pas hésiter à contacter les directrices.

FIAF PRE-SCHOOL

22 East 60th Street, New York, NY 10022
Tel : (646) 388 6694 | Site : http://www.fiafpreschool.org

Contact : preschool@fiaf.org

Classes offertes : 3-4 ans pour la maternelle, 1-5 ans pour le programme « A petits pas »

Frais de scolarité : Pour la pre-school, 18.000 pour l'ensemble de l'année, 10.800 pour le second semestre uniquement (hors frais divers)

Taille des classes : 15 enfants

APERÇU

LES PLUS : Bien située ; richesse des activités culturelles

LES MOINS : Le prix de la maternelle ; liste d'attente

Le French Institute Alliance Française (FIAF) est connu pour ses cours de français pour adultes. Moins pour ses cours pour enfants. Depuis plusieurs années pourtant, le FIAF dispose d'un programme pour les 1-5 ans, « A petits pas », et de plusieurs ateliers destinés à initier les enfants à la langue de Molière. Proposé dans le bâtiment principal du FIAF sur la 60eme rue à Manhattan et à l'International School of Brooklyn (ISB), le programme consiste en une initiation ludique au français avec activités artistiques, culinaires et sportives. Le centre propose aussi des projections pour enfants de plus de 4 ans dans le cadre de son CineKids. Les projections sont suivies d'ateliers d'arts plastiques.

En 2012, le FIAF a franchi un cap et s'est doté d'une « pre-school », dans laquelle les enfants sont immergés dans le français. La demande pour la FIAF Pre-school, abritée au 3eme étage du bâtiment du FIAF à Manhattan, est forte. Si forte qu'il existe une liste d'attente, précise sa directrice Anne Bellec. En 2012, la pre-school n'était pas encore lancée que ses administrateurs étaient contactés par des parents intéressés par les inscriptions pour... 2014.

A la FIAF pre-school, les enfants suivent un programme basé sur des philosophies et contenus pédagogiques français et américain. Pendant les cours, ils réalisent des travaux collectifs ou individuels. Les maths, les sciences et les arts sont au programme, de même que des activités de « motor skills » qui mettent l'accent sur le développement du bien-être, la gestion du corps et l'appropriation de l'espace. Objectif : acquérir des bases solides en français, en termes de compréhension et de prononciation, et de leur permettre d'intégrer une école française bilingue.

La pre-school suit le programme de l'Education nationale mais n'est pas encore homologuée. Composée de deux niveaux (« Junior pre-school » pour les 3 ans et « Senior pre-school » pour les 4 ans), elle accueille aussi bien des petits francophones que des anglophones souhaitant être exposés au français. Les classes ont lieu intégralement en français, dans un environnement soigné et coloré – le décor a été conçu pour répondre aux préceptes de Maria Montessori selon laquelle un environnement calme et structuré permet d'encourager l'apprentissage. Les élèves de la « Junior pre-school » se retrouvent le matin, l'après-midi pour la « Senior pre-school ». Les classes sont limitées à 15 élèves.

Les élèves ont accès à un grand nombre d'intervenants extérieurs (artistes, cuisiniers...), à la programmation culturelle du FIAF et sa bibliothèque, « la plus grande bibliothèque française des Etats-Unis », glisse Anne Bellec. C'est d'ailleurs cet argument que la FIAF pre-school met en avant pour se distinguer de la concurrence. Pour faire plaisir à papa et maman, la famille des enfants inscrits devient automatiquement membre du FIAF, avec plusieurs réductions à la clé sur les évènements organisés par l'institut.

ADMISSIONS

Le dossier de candidature se trouve sur le site du FIAF. Les inscriptions ont lieu pour les deux semestres, mais seuls les élèves ayant un bon niveau de français seront directement accueillis pendant le second. Les enfants inscrits dans le programme « A petits pas » sont prioritaires. Les candidats seront invités à passer un entretien avec la directrice de la maternelle.

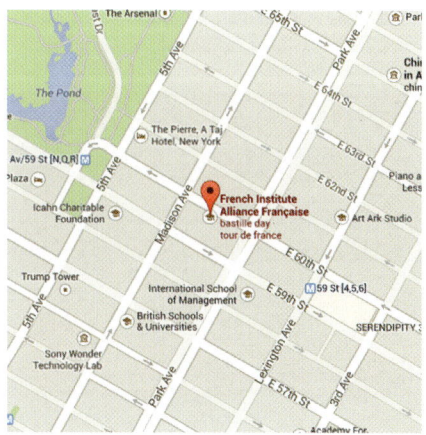

LA PETITE ECOLE (Upper West Side)

159 West 82nd Street, #1, New York, NY 10024
Tél : (646) 504-9694 | Site : http://www.lpeny.com | E-mail : info@lpeny.com

Ages : de 2 ans et demi à 4 ans

Nombre d'élèves : 25

Taille des classes : 12 élèves au maximum

Frais de scolarité : $22.000, tarifs pour 2 ou 3 jours par semaine ou demi-journées.

APERÇU

LES PLUS : Programme axé sur les arts ; immersion totale en français ; espace extérieur privé.

LES MOINS : Places limitées à 12 ; prix élevé ; locaux assez petits.

La Petite Ecole Upper West Side est née en 2010 de la détermination d'un papa, Virgil de Voldère, passionné par l'éducation bilingue. A l'origine du programme bilingue anglais-français de l'école PS 84, il a continué sur sa lancée en créant cette pre-school francophone dans le même quartier. Galeriste à Chelsea, il a développé un programme d'apprentissage basé sur l'art pour les plus petits, en immersion totale dans la langue française.

Les locaux de la Petite Ecole Upper West Side évoquent une ambiance « *chez Grand-Mère* » avec une décoration inspirée du XIXème siècle. Dans le « Salon de Curiosités », on trouve des livres et des puzzles, mais aussi des tableaux et des sculptures d'artistes collaborant avec Virgil de Voldère. Tout le matériel est destiné à éveiller la curiosité des enfants et à les encourager à « *utiliser l'Art comme un langage* ». La deuxième pièce, nommée l'« Atelier », est un lieu favorisant la créativité des petits élèves au cours de leurs activités de peinture, de dessin ou même de cuisine. Une cour privative attenante à l'Atelier permet aux enfants de jouer en extérieur. Les repas sont fournis par les parents même si certains goûters sont préparés sur place.

A la Petite Ecole, les enfants sont encouragés à prendre la parole devant le groupe, à raconter leurs émotions et sont autorisés à utiliser la langue qu'ils préfèrent. L'objectif de Virgil de Voldère est qu'ils soient heureux d'apprendre et qu'ils aient confiance en eux-mêmes. « *L'idée de l'enfant roi m'a plu* », remarque-t-il, avant d'ajouter que « *les tout petits se sentent tous les rois du monde* ». Il estime que « *les écoles françaises sont trop académiques* » et a donc choisi d'être plus à l'écoute de ces petits monarques.

Heureusement, cette grande liberté n'entrave pas l'apprentissage du français et il note que « *les petits anglophones immergés dans un environnement francophone parlent parfois mieux français que les petits français* ». Les deux enseignantes principales sont françaises d'origine. Leur binôme fonctionne sur la base de la complémentarité entre l'apprentissage et l'ouverture artistique. Par ailleurs, des artistes et musiciens sont régulièrement invités à intervenir pour exposer les petits à différents formats et courants créatifs.

L'école emmène plusieurs fois par an certains de ses élèves au musée, profitant de sa situation géographique au maximum. Les tout-petits (de 18 à 30 mois) peuvent suivre des classes « Mommy & Me » pour se préparer à l'école. Un programme d'enrichissement après l'école est également mis en place pour les plus grands, de 5 à 10 ans, de 16h30 à 17h45. Les élèves peuvent ainsi s'immerger dans la langue et la culture françaises.

La Petite Ecole est une structure privée, limitée à douze enfants. Les familles sont majoritairement francophones ou bilingues. Après la Petite Ecole, de nombreux élèves intègrent le programme bilingue de PS84. « *Les retours sont formidables, ils sont leaders dans leurs classes et n'ont aucun problème en environnement anglophone* ».

ADMISSIONS

Les classes doivent être équilibrées au niveau des âges et des sexes, la sélection se fait très tôt, presque un an à l'avance avec les derniers entretiens en décembre pour une rentrée le mois de septembre suivant.

LA PETITE ECOLE (TriBeCa)

45 White Street #1A, New York, NY 10013
Tél : (646) 504-9694 | Site : http://www.lpeny.com/contact/tribeca | E-mail : info@lpeny.com

Ages : de 2 ans et demi à 4 ans
Nombre d'élèves : 25
Taille des classes : 12 élèves au maximum
Frais de scolarité : $23.100 à temps plein.

APERÇU

LES PLUS : Programme axé sur les arts ; Immersion totale en français ; Situation géographique.

LES MOINS : Places limitées à 12, Prix élevé, Pas d'espace extérieur.

La Petite Ecole TriBeCa est née en 2012, soit deux ans après sa grande sœur de l'Upper West Side. « L'espace s'est offert à moi, le propriétaire est formidable avec les enfants, les conditions étaient remplies », sourit Virgil de Voldère, son fondateur. La réputation de la Petite Ecole de la 82ème rue et la forte présence francophone dans le voisinage a fait le reste.

Ici la décoration est *fifties,* gaie et colorée. Le lieu est lumineux et les installations imaginées par le fondateur pour mettre en valeur les créations des enfants sont originales. La salle principale est grande, surplombée par une mezzanine qui sert de bureau au personnel enseignant. L'art sert de support d'apprentissage, comme pour la Petite Ecole de l'Upper West Side.

Bien entendu, Virgil de Voldère applique les mêmes méthodes que celles éprouvées dans sa première pre-school.

Le binôme enseignant repose sur la complémentarité : une enseignante avec de bonnes compétences pédagogiques et la seconde avec une expérience artistique, toutes les deux très impliquées. Des professeurs de théâtre et de musique interviennent régulièrement pour enrichir le programme concocté par le fondateur et son équipe pédagogique et des visites des galeries d'arts et institutions culturelles environnantes sont régulièrement organisées.

De même que dans l'Upper West Side, les petits (de 18 à 30 mois) peuvent profiter des classes Mommy & Me pour se préparer à l'école. Un programme d'enrichissement après l'école est également mis en place pour les plus grands, de 5 à 10 ans, de 16h30 à 17h45.

ÉCOLES PRIVÉES NON HOMOLOGUÉES

VILLAGE PRESCHOOL CENTER

136 West 10th Street New York, New York 10014
Tel : (212) 645 1238 | Site : http://www.villagepreschoolcenter.com

Classes offertes :
classes de maternelle (de 2 à 5 ans)

Nombre d'élèves : environ 165 élèves

Frais de scolarité : de 8.215 à 28.275 dollars par année scolaire (en fonction du programme choisi)

Taille des classes : entre 18 et 20 élèves par classe (4 professeurs par classe)

APERÇU

LES PLUS : Les élèves sont très bien encadrés ; parents autorisés à assister à la classe

LES MOINS : le français n'est enseigné que comme deuxième langue.

« We sing, we work and we play ! » telle est la devise de l'école Village Preschool Center. Influencé par des pédagogies telles que Montessori, Bank Street et Reggio Emilia, Le Village Preschool Center est une école pour les enfants de maternelle. Elle se voit comme « l'extension de la maison » dans laquelle l'enfant doit se sentir en confiance, valorisé et inclus.

Le programme de français existe depuis 30 ans. Pour les plus petits, les classes de français s'articulent autour de la lecture, de la musique, du mouvement et des marionnettes. Pour les élèves plus âgés, le programme met l'accent sur la conversation et sur l'instruction de la langue.

Tout au long de l'année, l'école participe à des évènements caritatifs qui aident les enfants défavorisés, les animaux abandonnés, les services aux personnes âgées. Elle organise également un after-school et un camp d'été en français.

ADMISSIONS

Il n'y a pas de niveau de langue requis. L'Admission à VPC se fait en plusieurs étapes. Tout d'abord les parents demandent une visite via le site web de l'école puis sont sélectionnés par tirage au sort. Les parents et l'enfant viennent alors visiter l'école (d'octobre à décembre). Les parents reçoivent une lettre à la fin du mois de décembre avec la réponse de l'école.

GUIDE DE L'ÉDUCATION BILINGUE

LE PETIT PARADIS

1656 Third Avenue (entre 92 th et 93 th), New York, NY 10128
Tél : (212) 410-0180 | Site : http://www.lepetitparadispreschool.com
E-mail : christina@lepetitparadispreschool.com

Classes offertes : petite section et moyenne section. La petite section accueille des enfants à partir de 2 ans et 7 mois (au moment de la rentrée de septembre) et jusqu'à 3 ans et demi. La moyenne section accueille les élèves de 3,6 à 5 ans.

Nombre d'élèves dans l'école : 30

Frais de scolarité : $27.975 pour le temps plein (8h30 – 15h30), $22.995 pour le mi-temps

Taille des classes : 15 élèves par classe (2 classes au total)

APERÇU

LES PLUS : Antichambre du LFNY ; ambiance familiale ; méthode Montessori ; possibilité de temps plein ou de temps partiel.

LES MOINS : Très cher ; la classe du fond, pour les plus petits, est sombre, sans fenêtre ; pas de cour de récréation ; peu d'élèves américains.

A peine créé en 2008, le Petit Paradis a connu son heure de gloire : Madonna a choisi d'y inscrire ses deux enfants. Pas d'autres « baby stars » parmi les jeunes écoliers, mais des élèves pour la plupart issus de familles expatriées, ou de couples mixtes. « *Je dirais que 80 % de nos élèves parlent le français à la maison. Mais nous avons aussi des familles chinoises, suédoises ou italiennes, et des enfants qui parfois parlent quatre langues* », raconte Christina Houri dans un français parfait. La fondatrice de l'école, gréco-libanaise, a suivi sa scolarité au Lycée français de New York (LFNY), puis travaillé au Club Med pendant plusieurs années, avant d'enseigner un an à l'ancienne pre-school bilingue de l'Upper West Side, Le Jardin à L'Ouest.

Question ambiance, le Petit Paradis est un cocon : 30 élèves en tout, répartis en deux classes. « *Et nous ne voulons pas grandir ! Les parents tiennent beaucoup à cette ambiance familiale* », insiste la directrice, qui organise des réunions avec les parents une fois par mois.

Quant au cursus, il est bilingue 50/50, avec des journées en français, d'autres en anglais. Chaque classe de 15 enfants est encadrée par deux professeurs, dont l'un est francophone. Le programme est inspiré de la méthode Montessori et aussi de la pédagogie Bank Street, qui vise à développer l'imagination et la créativité.

Les activités sont classiques, avec des moments consacrés à l'apprentissage (lettres, chiffres, écriture) et d'autres à des activités comme la cuisine. « *Nous sommes une vraie école, pas une garderie. Notre mission, c'est de préparer les élèves à entrer à l'école primaire, en particulier au LFNY. 90 % de nos élèves y poursuivent leur scolarité* », précise Christina Houri. L'école met aussi l'accent sur le développement durable, avec des cours consacrés à l'écologie et au recyclage.

Et pour se défouler, si le Petit Paradis n'a pas de cour intérieure, les instituteurs accompagnent les élèves dans un square voisin deux fois par jour.

Dernière particularité : les élèves du Petit paradis doivent tous porter l'uniforme bleu-blanc-rouge de l'école. « *Cela simplifie les choses pour les parents, et homogénéise le groupe des élèves. Et puis, c'est joli* », sourit Christina Houri.

ADMISSIONS

L'inscription a lieu en septembre pour la rentrée suivante. L'école organise une soirée porte-ouverte mi-septembre. Les frais de dossier (à payer pour toute candidature) sont de 250 dollars. « *Nous recevons environ 80 dossiers pour 30 places* », explique Christina Houri. La sélection a lieu au mois d'octobre, sur entretien avec l'enfant. « *Je les fais jouer par petits groupes de trois, et je regarde comment ils interagissent, comment ils se comportent en collectivité, s'ils comprennent l'anglais ou le français. Pour les plus grands, je les interroge sur quelques notions, comme les couleurs.* »

LES PETITS POUSSINS

315 West 126th st. #410 New York, NY 10027
Tel : (917) 825-8763 | Site : http ://www.petitspoussinsny.com
E-mail : Vanessa Handal-Ghenania, directrice, handalv@yahoo.com

Crèche familiale (family day-care) licenciée par la ville de New York

Classes offertes : Accueille les enfants de 6 semaines à 5 ans, à plein temps ou mi-temps.

Nombre d'élèves : 15 (12 maximum en même temps)

Frais de scolarité : Pour la journée entière : 400 $ par semaine pour les moins de deux ans, 375$ pour les 2-5 ans.

Pour les demi-journées : $300 par semaine pour les moins de deux ans, $275 par semaine pour les 2-5 ans
Forfait optionnel de 15$/semaine ou $5/jour pour les repas.

Taille des classes : 12 enfants, pour quatre encadrants.

Horaires : 8h-18h

APERÇU

LES PLUS : La directrice est une experte du développement de l'enfant et de la pédagogie ; locaux lumineux et chaleureux, accès à la cour extérieure de l'immeuble ; ambiance très familiale ; tarifs raisonnables.

LES MOINS : Nombre de places limité ; localisation assez éloignée dans Harlem, réservée donc aux habitants du quartier ; les enfants sont accueillis chez la directrice, dans son appartement privé : on aime ou pas !

Français le matin, anglais l'après-midi : tel est le modèle linguistique de la crèche familiale Les Petits Poussins, située à Harlem. Vanessa Handal-Ghenania, la directrice, a ouvert cette structure dans son propre appartement, en septembre 2013. Elle peut accueillir jusqu'à 12 enfants en même temps.

Les locaux sont modernes, bien équipés. *« J'ai choisi cet appartement dans cette perspective. Je voulais quelque chose de lumineux, et de spacieux »*, explique la directrice, spécialiste du bilinguisme et de la pédagogie de l'enfant. Vanessa Handal-Ghenania a en effet a grandi dans différents pays (Haïti, Pays-Bas, Espagne), et suivi toute sa scolarité dans les lycées français. Installée depuis 14 ans à New York, elle dispose du CV idéal pour diriger un programme bilingue : elle est diplômée de deux masters de Columbia, en éducation bilingue et en administration scolaire, et elle forme des futurs professeurs à Columbia. Elle a été enseignante au Lycée Français (en ESL) ainsi que dans le programme bilingue de la PS 58, à Brooklyn. Avant de lancer sa crèche, cette mère de trois jeunes garçons était directrice pédagogique de la New York French American Charter School de Harlem.

Les élèves des Petits Poussins, qui ont tous un profil très international, manient « *sans problèmes* » les deux langues, assure Vanessa Handal-Ghenania. La pédagogie est très « *à la française* » : « *J'utilise beaucoup de matériel pédagogique français* », poursuit-elle. La journée est rythmée par des activités manuelles, des chansons, des lectures. Tout le personnel encadrant (au total, cinq personnes) est bilingue. Les élèves ont accès au jardin de l'immeuble, qui comporte des jeux extérieurs, ainsi qu'à la salle de jeux intérieure, bien équipée. Les repas sont préparés sur place par le personnel (15$/semaine), mais les parents peuvent aussi décider de fournir la nourriture.

La crèche est ouverte toute l'année, sauf deux semaines à Noël et deux semaines en août. Chose rare : ces semaines ne sont pas payées par les parents.

ADMISSIONS

L'inscription est organisée par Vanessa Handal-Ghenania, qui propose à tous les parents de visiter, sur rendez-vous, sa crèche.

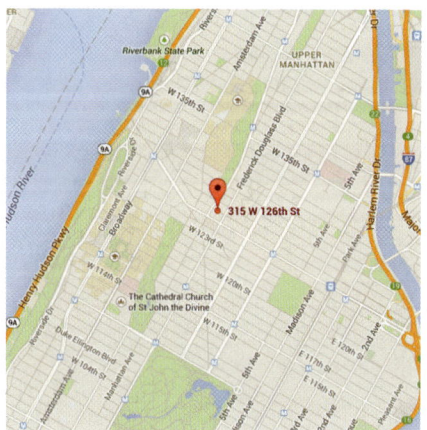

GUIDE DE L'ÉDUCATION BILINGUE

L'ÉCOLE DES PETITS

411 Atlantic Avenue, Brooklyn, New York 11217
Tél : (917) 348-3622 | Site : http ://lecoledespetits.over-blog.com
E-mail : corinnelaclide@hotmail.com

Ages : 2 à 5 ans

Nombre d'élèves : 12

Frais de scolarité : 16.000 dollars l'année

Taille des classes : 12 (une seule classe)

APERÇU

LES PLUS : les institutrices sont très disponibles : il y en a une pour 4 enfants ; suivi du programme de l'éducation nationale ; école très propre.

LES MOINS : Très peu de place ; niveaux mélangés

L'école des Petits est une maternelle permettant qui propose une immersion en français pour les plus jeunes et un apprentissage de manière réellement ludique.

« Nous étudions chaque mois un thème différent : les animaux, les métiers ou encore le sport. Puis nous travaillons pour étudier tous les aspects du sujet : le théâtre, la cuisine, les livres et nous faisons beaucoup d'activités manuelles », explique Corinne Laclide, la directrice de l'école. « Nous misons aussi beaucoup sur la répétition pour que les fondamentaux deviennent des automatismes », continue-t-elle.

Comme beaucoup de parents cherchant désespérément à trouver un programme bilingue pour leurs bambins, Corinne Laclide a créé l'école en 2009 après la naissance de ses enfants.

Avec trois enseignantes pour douze élèves, L'école des Petits permet aux enfants de progresser rapidement : un tiers des enfants sait presque lire. « Nous parlons uniquement en français pour permettre aux enfants d'acquérir du vocabulaire rapidement. Nous voulons les faire parler, leur apprendre à écouter, à poser des questions pour que l'intégration de la langue soit naturelle », souligne Corinne Laclide.

Chaque jour, les enfants sortent pour jouer au parc ou dans des playgrounds. « Nous organisons aussi une sortie une fois par mois : nous allons au zoo, au théâtre, visiter les jardins botaniques ».

Quelques activités sont par niveaux, d'autres pour tous les enfants, permettant aux grands d'aider les plus jeunes.

Bien que l'école ne soit pas un établissement homologué par le ministère de l'éducation nationale, les enseignantes suivent le programme établi par le ministère. En outre, les enfants sont obligés de suivre le programme à temps plein : « *Cela permet une immersion totale pour eux et de notre côté, nous pouvons évaluer les progrès et voir l'évolution de l'apprentissage* ». Les trois enseignantes sont qualifiées pour travailler avec les enfants : Corinne a travaillé en crèche, Yolaine était enseignante en France et Peggy a une formation sanitaire et sociale.

Pour une meilleure assimilation de la culture française, L'école des Petits célèbre les grandes fêtes françaises comme le 14 Juillet, l'épiphanie ou encore la chandeleur « *mais sans y apporter une dimension religieuse* », précise Corinne Laclide.

L'école ne possède pas de cantine mais une cuisine est à disposition pour conserver et réchauffer les repas.

Si le faible nombre d'élèves est bénéfique pour l'entraide dans le groupe, l'autodiscipline et une progression rapide dans l'apprentissage de la langue, il constitue toutefois un frein pour le développement de l'école qui n'offre pas beaucoup de places. « *Mais c'est un choix*, explique Corinne Laclide. *Nous ne voulons pas plus de douze enfants pour avoir une vraie proximité avec eux et avec leur famille* ».

L'école des Petits propose également un camp d'été (1.600 dollars le mois) en juillet.

ADMISSIONS

Aucun test n'est nécessaire pour intégrer l'école. Corinne Laclide demande cependant à rencontrer les parents et l'enfant. La sélection s'effectue selon le groupe déjà constitué. « *Il faut qu'il reste assez homogène mais nous essayons d'avoir un équilibre entre les garçons et les filles et entre les familles américaines et françaises et les âges des enfants* ». Les places sont donc chères.

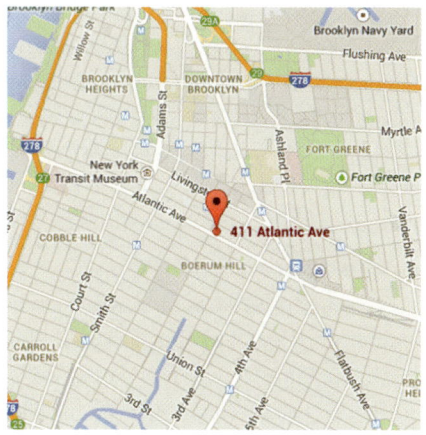

GREEN BEAN DAY CARE

161 Greenpoint Avenue
Tel : (718)389-4004 | E-mail : greenbeandaycare@gmail.com

Ages : 2 ans et demi

Nombre d'élèves : 16 maximum

Frais de scolarité : 1400 dollars par mois (comprend quatre repas par jour)

Taille des classes : Entre 12 et 16 élèves

APERÇU

LES PLUS : Accent mis sur l'environnement et les repas sains ; proximité avec le subway

LES MOINS : Petit « day care » d'une capacité de 16 places.

A Green Bean Day Care, la petite crèche de Monica Madalinski, point d'oreos ou autres friandises fluorescentes, mais des cookies fabriqués « *sans ingrédients artificiels* » par la patronne des lieux elle-même. « *Il faut que les enfants aient le contrôle sur ce qu'ils mangent* », glisse-t-elle.

C'est ce principe simple que la jeune femme, une New-Yorkaise d'origine polonaise, applique depuis la création de la crèche, en octobre 2011, dans le quartier de Greenpoint (Brooklyn). Elle se targue de servir quatre repas par jour préparés par sa mère avec des produits locaux et organiques. « *Nous donnons aux enfants beaucoup de fruits et de légumes, et nous les exposons à des saveurs différentes. C'est important qu'ils grandissent autour de vrais aliments* ».

En plus de bien manger, les enfants ont droit à une autre petite gâterie : l'exposition au français. Une maman française avait suggéré de donner des cours de français à l'ouverture de la crèche il y a trois ans. « *C'était impressionnant de voir ces enfants acquérir une seconde langue aussi rapidement. Nous avions besoin de faire un vrai programme bilingue* », explique-t-elle. L'an dernier, une enseignante a été embauchée à plein temps.

Avec le nombre grandissant de Français dans le quartier, et l'ouverture d'un programme bilingue à PS110, la crèche affiche complet. Sur les seize élèves, « *la plupart sont français* », assure Monica Madalinski.

Peinture, lecture, jeux, chansons : la journée à Green Bean a lieu dans les deux langues. La recette : « *suivre le flow des enfants* ». « *Il y a un emploi du temps et un curriculum mais il doit être flexible pour s'adapter à leur énergie*, dit-elle. Et les faire bien manger. »

ADMISSIONS

Tout le monde est le bienvenu. Contacter l'école

ÉCOLES PRIVÉES NON HOMOLOGUÉES

HANDS ON WORLD

132 4th Place, Brooklyn, NY 11231 (entre Court et Smith Street)
Tel : (718) 858-9599, Fax : (718) 858-9599 | Site : www.handsonworld.net
E-mail : info@handsonworld.net

Ages : pre-school : 2 à 4 ans / after school : 4 à 6 ans / summer camp : 2 à 10 ans

Nombre d'élèves : entre 120 et 150. Pour le programme français : 40 élèves en pre-school.

Frais de scolarité : (Pre school) 16500$/an à temps plein, autres tarifs à temps partiel.

Taille des classes : pre-school : 10 enfants maximum pour les 2 ans et 12 enfants maximum pour les 3-4 ans

APERÇU

LES PLUS : dimension artistique important ; apprentissage basé sur la création ; équipe enseignante diversifiée : professeurs, acteurs, écrivains.

LES MOINS : Playground trop petit, longue liste d'attente

Créée en 2001 par Felicity Miller, Hands on World est résolument tournée vers l'apprentissage des langues à travers les pratiques artistiques. L'école enseigne trois langues : le français surtout mais aussi l'espagnol et l'italien.

Dès le départ, l'objectif de Felicity Miller est de créer un centre d'art multiculturel. Depuis sa création et l'ouverture de ses locaux plus tard, en 2004, l'école connaît un succès toujours plus grand : 4 élèves participaient au programme à sa création, ils sont plus d'une centaine en 2013. « Hands on world est un moyen de découvrir d'autres cultures, d'autres façons de penser par des échanges et la créativité. Notre but n'est pas d'apprendre une langue de manière académique mais plutôt de donner aux enfants des outils pour appréhender le monde, être ouverts et créatifs », explique Felicity Miller.

Le vrai plus de cette école : la flexibilité de l'équipe enseignante. Dernier exemple : une classe d'immersion pour les plus jeunes créée spécialement en fin d'après-midi pour les parents qui n'ont pas pu inscrire leurs enfants dans les classes du matin. La majorité des professeurs de français viennent de France ou sont parfaitement bilingues. Pendant la classe, ils travaillent avec un assistant qui est souvent artiste : un acteur ou un écrivain.

Le pre-school propose un programme d'immersion à long terme alors que les cours des after-school sont proposés une à deux fois par semaine. S'ils sont toujours tournés vers l'art et la culture, les programmes s'adaptent en fonction de l'âge des enfants : dessins, coloriage et cours de cuisine ludique pour les petits ; théâtre, écriture, histoire et géographie pour les plus grands.

« *C'est très intéressant de baser l'éducation sur l'art, les enfants sont amenés à faire sans cesse de nouvelles activités. Les parents ont aussi la possibilité de rester pendant la classe si l'enfant a peur au début. Le seul inconvénient est vraiment la taille du playground qui est vraiment trop petit* », confie Alexandra Weigner, mère d'une enfant de deux ans et demi inscrite dans le programme français en pre-school.

Les locaux sont situés dans une maison de quatre étages : chaque langue dispose de son étage (sauf le français qui est enseigné sur deux étages). L'aspect peu avenant des couloirs est compensé par les classes spacieuses et lumineuses. L'école ne dispose pas de cantine mais les enfants peuvent amener leurs repas. Les classes sont équipées d'une cuisine pour conserver les repas et les réchauffer.

ADMISSIONS

Hands on world ne fait pas passer d'entretien aux enfants afin de garder des critères objectifs. Les familles intéressées sont invitées à visiter les locaux. La sélection se fait ensuite selon deux critères : le respect de l'équilibre entre les familles francophones et les familles anglophones et l'équilibre entre les garçons et les filles.

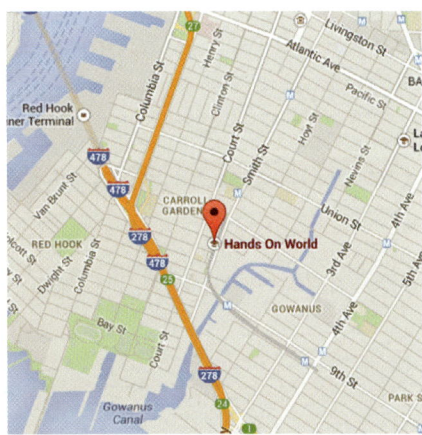

ÉCOLES PRIVÉES NON HOMOLOGUÉES

LE JARDIN DE LOUISE

390 Stratford Road, Brooklyn, New York, 11218
Tel : 347-833-9470 | Site : www.lejardindelouise.com
E-mail : info@lejardindelouise.com

Ages : Daycare : de 12 mois à 2 ans (Les Oursons) ; de 2 ans à 3 ans et demi (Les Pandas) ; preschool de 2 ans et demi à 5 ans

Nombre d'élèves : 12 maximum

Frais de scolarité : $1.600 par mois pour 5 jours par semaine, dégressif pour temps partiel

Taille des classes : 12

APERÇU

LES PLUS : environnement bilingue ; playground extérieur et intérieur ; locaux propres ; ouvert toute l'année.

LES MOINS : peu de places, excentré

Du « made in France » au cœur de Brooklyn. Telle est l'ambition du Jardin de Louise, la crèche créée en 2012 par Assita Huchette.

Dès leur entrée, les enfants apprennent l'éducation à la française. Concrètement : « *bien manger, d'une manière équilibrée, se tenir correctement à table* », explique Assita Huchette.

Côté enseignement « *l'apprentissage est en français pour toutes les activités* ». Les trois enseignantes s'adaptent ensuite à l'enfant et passent facilement à l'anglais pour donner les explications que les bambins anglophones n'auraient pas comprises. « *Une fois que nous avons traduit notre phrase, nous la réexpliquons en français pour qu'ils intègrent le vocabulaire* », souligne Assita Huchette.

L'école dispose d'une salle d'étude dans laquelle les enfants apprennent le bricolage, la motricité et la dextérité, les chiffres, les couleurs. Tous les livres sont commandés de France et les enfants apprennent des comptines françaises, par exemple. « *Une fois par mois, une personnalité extérieure vient à la crèche. Nous avons déjà reçu un artiste, un professeur de musique, de yoga et même un photographe* ». Les activités, organisées selon les thèmes du calendrier de l'année, sont faites en groupe ou par niveau, selon les difficultés.

« *L'atout numéro un de la crèche est la transparence*, assure la fondatrice.

Nous créons un cadre dans lequel les parents se sentent en confiance. Ils apprécient le fait que ce soit une maman qui gère l'établissement, ils peuvent facilement discuter avec nous et ils aiment que tous nos repas soient préparés ici, dans la cuisine ».

Claire Laporte, une maman expatriée confirme : « *C'est familial, ce n'est pas institutionnel et j'adore cette éducation à la française. Ma fille s'y plaît beaucoup et elle peut rencontrer des amis français. Ils ont beaucoup de projets à l'extérieur comme le jardinage. C'est un crèche qui ressemble plus à ce qu'on retrouve en France* ».

Installée dans une maison, les locaux rassemblent une salle d'étude et de déjeuner, une cuisine, une aire de jeux intérieure et extérieure ainsi qu'une salle de jeux et de détente pour les siestes et le yoga.

ADMISSIONS

Aucun test n'est exigé, la priorité étant que l'enfant se sente bien dans ce nouvel environnement et que le mode de garde corresponde à celui que recherchent les parents. « *Nous les invitons à visiter la crèche puis nous les mettons sur la liste d'attente. Dès qu'une place se libère, nous demandons à rencontrer l'enfant* », explique Assita Huchette. Une semaine d'adaptation est ensuite programmée pour intégrer l'enfant progressivement. « *Mais nous pouvons tout arrêter si l'enfant ne parvient pas à s'adapter. Une fois que l'on sait que l'enfant reste à la crèche, il est directement intégré dans le groupe des plus petits pour que l'on sache quel est son niveau. Ce temps d'évaluation peut durer un mois ou deux, puis l'enfant passe chez les plus grands* ».

Les familles françaises sont prioritaires afin de rétablir l'équilibre entre les enfants francophones et anglophones.

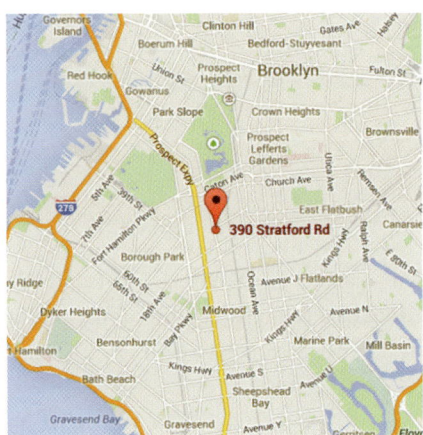

LANGUAGE LAUGHTER STUDIO

139 Nevins Street, Boerum Hill, Brooklyn, NY 11217
Tel : (718) 596-2233 | Site : http ://www.thelanguageandlaughterstudio.com
E-mail : pascalesetbon@gmail.com

Nombre d'élèves : 80 (y-compris afters schools et cours de théâtre)

Frais de scolarité : 15.000 $ par an pour 5 jours/semaine

Taille des classes : 12 maximum

APERÇU

LES PLUS : projet pédagogique réfléchi ; langues au coeur de l'enseignement ; programme de théâtre ; bonne préparation aux DLP

LES MOINS : locaux exigus ; nombre de place très limité

Avec Hands on World, le Language Laughter Studio fut parmi les pionnières de la récente vague d'écoles bilingues à Brooklyn. La fondatrice, Pascale Setbon l'a ouverte en 2006, avec au coeur la philosophie pédagogique progressiste qui la passionne. « On part du principe que l'enfant est maître de son apprentissage, qu'il doit interroger pour apprendre ».

Bref, rigole la directrice, « on réfléchit sérieusement à ce qu'on fait ! ». Et d'ajouter que c'est pour cette raison qu'elle a souhaité « rester petite » quand d'autres choisissaient de grandir vite en profitant de l'engouement pour l'éducation bilingue. « Je tiens à ma réputation d'école progressiste de qualité ».

Le Language Laughter Studio est ainsi nommé parce qu'il a d'abord commencé comme un endroit où les enfants, dès 8 mois, venaient prendre des cours. Ces classes existent toujours, et proposent d'initier les enfants au français ou à l'espagnol, souvent par le théâtre ou la musique.

Mais le coeur de l'école est désormais la « mini-maternelle » qui compte deux classes, l'une 3 jours par semaine (du mercredi au vendredi), l'autre cinq jours par semaine. Dans les deux cas les enfants sont accueillis de 9 h à midi par une enseignante française qui ne leur parle que le français.

Les classes comptent des enfants qui vont de 2 ans et demi à 4 ans et demi « ce qui permet à chacun d'aller à son rythme et créé un environnement où les petits veulent imiter les grands, et ces derniers veulent apprendre aux petits » souligne Pascale Setbon. Théâtre et musique occupent une place importante, avec un enseignant spécialisé dans chaque discipline qui intervient en plus de la maîtresse de la classe.

Les deux classes sont logées dans un petit appartement, au rez-de-chaussée d'un « brownstone » typiquement brooklynite.

Les parents apprécient visiblement l'ambiance qui règne dans l'école, et l'approche pédagogique. « L'implication de l'équipe est incroyable, raconte une mère d'élève. Ils connaissent nos enfants extrêmement bien ». Les « bulletins » annuels, qui sont en fait des notes de plusieurs pages rédigées par l'enseignante sur chaque enfant, font l'admiration des parents...

Les familles sont très majoritairement des couples bilingues qui choisissent d'inscrire leurs enfants en programme d'immersion pour s'assurer qu'ils apprendront le français. Depuis l'ouverture d'un programme bilingue dans l'école publique voisine de PS 133 (voir page 109), ils ont trouvé un débouché naturel : l'an dernier 17 anciens élèves de LLS ont rejoint PS 133.

ADMISSIONS

L'école accueille les élèves qu'ils parlent français ou non. Il faut avoir entre 2,5 et 4,5 ans au moment de la rentrée scolaire. Les candidatures pour la rentrée 2015 doivent être soumises avant le 23 janvier 2015. Les parents seront ensuite invitées à venir visiter l'école avec leur enfant.

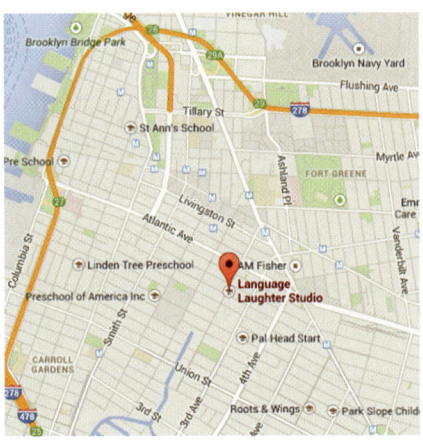

SCIENCE, LANGUAGE & ARTS

126 Saint Félix Street, Brooklyn, NY 11217
Tel : (718) 636-3836 | Site : http://www.ecolefrancochinoise.org
E-mail : info@slaschool.org

Classes offertes : De Pre-K à 5th grade.

Nombre d'enfants : En 2013-2014, l'école accueille 50 élèves. En 2015, 120 élèves sont attendus, avec l'ajout d'un niveau supplémentaire par an.

Frais de scolarité : Pre-K et Kindergarten : 18,265 $; 1st-5th Grade : 15,980$

Taille des classes : 15 élèves maximum.

APERÇU

LES PLUS : La diversité socio-économique et culturelle recherchée par l'école ; le mandarin en plus du français !

LES MOINS : À partir du 2nd Grade, votre enfant doit parler français pour intégrer l'école.

Créée en 2011, Science, Language & Arts French and Mandarin immersion school propose un programme d'immersion en langue française doublé de cours de mandarin deux fois par semaine.

« *L'apprentissage du français se fait en immersion* » explique Jennifer Wilkin, la directrice de l'établissement. Les activités artistiques occupent une place importante dans l'enseignement de la langue française : la directrice, ancienne violoniste professionnelle, est partisane d'une approche non stressante de l'apprentissage du français.

Au fur et à mesure du progrès des enfants en français, les cours évoluent pour opérer un déplacement progressif vers l'anglais : « *Jusqu'au 1st Grade inclus, les élèves reçoivent un enseignement qui se déroule exclusivement en français. Ensuite, ils ont un cours de lecture en anglais ainsi que la présentation des concepts de mathématiques. Mais les exercices de maths eux se déroulent en français* »,, raconte Jennifer Wilkin. L'anglais est uniquement utilisé pour faciliter l'enseignement précoce du français et pour expliquer des concepts et des règles importantes pour le confort des enfants.

Une grande importance est accordée au contexte de la langue. Quand ils étudient les cultures du monde, ils apprennent leur histoire et leur géographie ainsi que le goût de la nourriture locale. Ils jouent aussi les instruments du pays, et pratiquent les danses des locaux.

Enfin, l'encadrement des enfants fait l'objet d'une attention particulière. Les classes étant limitées à 15 élèves maximum, le corps enseignant se targue de connaitre les enfants individuellement. Pour éviter la concurrence entre les enfants et favoriser leur bien-être, différents groupes de petite taille sont constitués et régulièrement mélangés lors des activités. Les enfants n'ont pas de devoirs avant le 3rd Grade.

Deux after-school en français sont proposés : « Beginning French » et « Intermediate French ». Tous deux reposent sur la même pédagogie. Le jeu est le principal outil d'apprentissage à SLA. Deux programmes de cirque en français sont également proposés en collaboration avec Brooklyn Beanstalk.

ADMISSIONS

Les inscriptions se font directement sur le site internet de SLA. Des séances d'informations sont organisées au sein de l'école. La sélection des élèves se fait sur multiples critères : l'école cherche à constituer des classes diverses sur les plans social et économique. Des entretiens avec les parents et avec l'enfant sont organisés dans le processus de sélection.

LITTLE LANGUAGE LEAGUE

22 Purdy avenue, Rye, NY 10580
Tel : (914) 921-9075 | Site : http://www.languageleague.com | E-mail : info@languageleague.com

Age : de 3 à 5 ans pour la pre-school ; de 8 mois à 14 ans pour les cours à la carte

Nombre d'élèves : environ 200 (y-compris cours du soir)

Frais de scolarité : de 2.500 dollars à 6.500 dollars à l'année (payable en plusieurs fois), mais les classes sont disponibles « à la carte » entre 330 et 399 dollars.

Taille des classes : 8 élèves par classe.

APERÇU

LES PLUS : l'école ne recule devant rien pour que l'enfant se sente à l'aise, y compris à laisser les parents assister aux classes pour éviter les traumatismes

LES MOINS : pas d'espace extérieur pour la récréation ; programme de seulement 2 heures par jour en pre-school.

A la Little Language League, l'enfant passe avant le programme. La directrice de l'école, Lyvia Sage est très claire là-dessus. Inspiré des techniques Montessori, le programme académique de l'école se veut souple. Ici, les enfants apprennent, mais ils s'amusent aussi beaucoup. Les cours se passent en immersion totale, que ce soit pour le français, l'espagnol, le mandarin ou l'italien.

« *A chaque début de classe, il y a un temps de routine où les enfants se présentent, on parle du temps qu'il fait dehors* » explique Lyvia Sage l'une des deux fondatrices de l'école, pour qui il est important que les enfants n'apprennent pas les choses par coeur, mais qu'ils les reconnaissent, qu'ils les comprennent, « *c'est pourquoi nous les faisons beaucoup répéter* ».

Pour l'équipe, les bonnes habitudes se prennent très tôt puisque l'école propose des classes à partir de 6 mois dans lesquelles les mamans (ou les nourrices) ont un rôle actif.

Pendant le temps passé à l'école, les enfants sont accompagnés par les Valdez, la famille imaginaire qui vit dans leur cahier d'école. Grâce à elle, ils avancent peu à peu sur les bases du langage jusqu'à l'âge de huit ans. En plus d'un apprentissage ludique basé sur les jeux, l'école mise aussi sur les arts et le théâtre à partir du niveau « Preschool ». Ayant suivi une formation théâtrale à Paris et à l'Université de Yale (Connecticut), Lyvia accorde beaucoup d'importance à cette activité « *les enfants travaillent sur la technique du théâtre, sur le texte, sur la chorégraphie du texte : c'est une autre façon d'apprendre une langue* » affirme-t-elle.

Les plus grands travaillent bien sûr sur des matières classiques comme le vocabulaire, la conjugaison ou l'expression orale mais toujours dans la forme du jeu. Il n'y a pas de tests pour éviter d'effrayer les enfants. Cela ne signifie pas qu'ils ne sont pas évalués, mais cela se fait en classe, quotidiennement par les institutrices. S'ils repèrent un retard de l'enfant, ils en parlent tout de suite aux parents afin de trouver une situation le plus rapidement possible, quitte à changer l'enfant de classe.

L'école se distingue également par sa flexibilité. Par exemple, si une plage horaire ne convient pas, Patricia Roux, en charge de l'administration, déplacera le cours (à condition que les familles des autres enfants soient d'accord) ou trouvera un autre cours à l'enfant. Et si un enfant manque une classe, pas de panique, tout est fait pour que le programme n'avance pas sans lui.

Little League Language organise aussi un camp d'été avec un programme de théâtre (ouvert aux enfants à partir de 5 ans) ou des classes d'1h par semaine (sur 6 semaines) sur le thème des vacances.

ADMISSIONS

Tous les enfants sont les bienvenus, ils n'ont pas de tests à passer pour déterminer leur niveau de langue. Lorsque les parents appellent, les professeurs proposent à l'enfant de venir faire un essai dans leur classe. Le mieux est de venir lors de la journée « open house ». Si l'enfant se sent bien, il peut rester, sinon, l'équipe essaie de lui trouver une classe qui lui convienne davantage. Le professeur évalue aussi l'enfant en fonction du groupe avec lequel il va être.

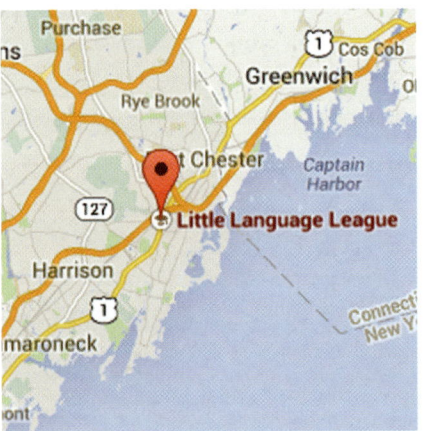

GUIDE DE L'ÉDUCATION BILINGUE

Après l'école

Parfois, l'école en français n'est tout simplement pas réaliste quand on vit à New York : trop loin, trop cher... Malgré la multiplication des écoles bilingues à New York, de très nombreux enfants de familles françaises fréquentent des écoles « monolingues » sans pour autant vouloir renoncer au bilinguisme.

A côté des des cours par correspondance ou par internet (voir page 69), il existe des façons de donner à votre enfant un minium d'exposition au français : les cours du soir, « after school », ou encore les camps de vacances en français, sans avoir besoin de traverser l'Atlantique...

Comme pour les établissement, nous avons visité ces organismes, interrogé enseignants et parents pour vous aider à vous y retrouver. Là aussi, il y en a pour tout le monde: associatif, public, privé, artistique ou sportif... Vous trouverez aussi à la fin de ce chapitre une liste d'autres « after schools » ou « summer camps » que nous n'avons pas visité, avec une courte description et des informations pratiques.

Sommaire:

- Bonjour New York   170
- Education Française à New York   172
- DifFRaction Jeunesse   174
- Brooklyn Beanstalk   175
- Coucou Brooklyn   177
- French Language Heritage Program   178
- CAMPS D'ETE – French Institute Alliance Française (FIAF)   180
- Bleu Blanc Rouge   182
- PSG Academy   184
- Autres afters schools et camps   185

GUIDE DE L'ÉDUCATION BILINGUE

BONJOUR NY

353 West 48th Street, Suite 338, New York, NY, 10036
Tel : (917) 887-6652 | Site : http://www.bonjourny.com | E-Mail : registration@bonjourny.com

Catégorie d'établissement : after school et camp d'été

Horaires :

After school : 14h30-16h30 ; 15h-17h ; 15h30-17h30 selon les écoles

Camp d'été : 8 semaines, du 1er juillet au 23 août.

Classes offertes :

After school : De Pre-K à 8th grade

Camp d'été : Pre-K à 5th Grade

Nombre d'enfants : pas de limite

Frais de scolarité :

After school : 470 dollars par semestre

Camp d'été : 525 dollars pour une semaine complète, 425 dollars pour une semaine à temps partiel. Prix dégressif selon le nombre de semaines.

APERÇU

LES PLUS :
After school : Sont présents dans plusieurs établissements scolaires. Grande flexibilité en fonction des demandes.

Camp d'été : Les 2/3 du temps les enfants font des activités à l'extérieur. Pas de niveau minimum requis en anglais. Inscription à la demi-journée disponible. Horaires extensibles.

LES MOINS : LES MOINS : les inscriptions se font une semaine maximum après le début de l'after school – qui sont organisées en deux semestres sur l'année.

Bonjour NY dispose de 14 « after school » dans différentes écoles, pour l'essentiel à Brooklyn (PS 20, MS 51, PS 58, PS 110, PS 133, PS 139, Plymouth Church Brooklyn) mais aussi dans l'Upper West Side (PS 84 et PS 163) et l'Upper East Side (PS 198 et PS 290). La répartition des élèves se fait par groupe d'âge et de niveau, qui souvent coïncident : 3-4 ans ; 5-7 ans ; 8-11 ans et parfois lorsqu'il y a des collégiens 11-14 ans. Chaque groupe est composé d'une dizaine d'élèves.

APRÈS L'ÉCOLE

Bonjour NY propose différents modules dans le cadre de l'after-school. Libre à vous de choisir celui qui convient le mieux à votre enfant. « *French & Fun est l'activité qui remporte le plus de succès* » explique Ria Achour, la fondatrice. Il s'adresse aux francophones aussi bien qu'aux non-francophones. Les élèves sont plongés dans la langue française à travers des activités interactives. Chansons, jeux de langage, histoires, danse, musique, jeux de société, puzzles, films et bien plus encore attendent vos enfants. Le soutien aux devoirs est également proposé.

Enfin, le « French cooking club » transformera votre enfant en petit chef tout en lui inculquant la langue française.

Des leçons privées sont également disponibles. Comptez 80$ pour une leçon d'une heure, 68$ si vous êtes un étudiant. Plus vous prenez d'heures de cours, plus les prix sont dégressifs.

Crée en 2010, le summer camp de Bonjour NY propose à vos enfants des animations durant 8 semaines, intégralement réalisées en français. Origami, puzzles, musique, confection de costumes, de bijoux, peinture, sculpture le camp s'organise autour d'activités qui favorisent la créativité de votre enfant dans un cadre ludique et pédagogique. « *J'ai vu tellement d'enfants américains penser qu'ils étaient en retard par rapport à leurs camarades français et perdre confiance en eux. L'idée c'est de les réconcilier avec le français* » indique Ria Aichour, la directrice et fondatrice de bonjour NY.

Le camp d'été, qui se tient à PS 58 (Brooklyn) et MS 256 (Upper West Side) s'organise autour d'activités hebdomadaires : deux fois par semaine, les enfants vont à la plage ou à la piscine et assistent à des ateliers culturels. Une fois par semaine, une sortie est organisée -zoo, spectacle de magie, pêche, visite de la ferme. Un spectacle auquel sont conviés les parents est présenté tous les quinze jours.

ADMISSIONS

Pour les « after school », les inscriptions se font directement sur le site internet de Bonjour NY. L'année est découpée en deux semestres : le premier va de fin septembre à fin janvier, le second de début février à mi-juin. Vous pouvez vous inscrire 3 semaines avant le début du semestre et une semaine après son commencement.

Votre enfant n'a pas l'obligation d'être scolarisé dans l'école où se déroulent les cours.

Pour le « summer camp », il est relativement facile de s'inscrire, même au dernier moment. « *Les parents peuvent inscrire leurs enfants dès janvier mais on ne ferme pas les inscriptions. On inscrit encore des enfants en août* » indique Ria Achour, la directrice.

EFNY (Education française New York)

151-55 19th Ave #2, Whitestone, NY 11357
Site : www.efny.net | E-mail afterschool@efny.net

Horaires : 15h30-17h

Classes offertes : K– 5th Grade

Frais de scolarité : 525 dollars le semestre

Taille des classes : 10

Localisations : EFNY propose des after schools dans les établissements suivants : PS 234 (Tribeca), PS 41 (Greenwich Village), PS 84 (Upper West Side), PS 321 (Park Slope)

APERÇU

LES PLUS : enseignement académique. Abordable

LES MOINS : Il y a des devoirs !

« Nous, on est sur de l'enseignement académique. On ne peut pas dire que ce soit de la détente ». Benjamin Bussenault, chargé des after school d'EFNY, est clair sur les objectifs de son programme : on est là pour s'amuser, mais aussi travailler.

Opérés par des bénévoles et des enseignants de français qualifiés, les after school d'EFNY sont présents dans quatre établissements de New York. Ils se déroulent sur des périodes de deux heures ou de quatre heures par semaine. Les enfants sont répartis par groupe de langue (francophone et anglophone) et de niveaux. « Même si on a une approche ludique et participative, avec des jeux, il y a quand même un tronc commun avec l'enseignement de la grammaire par exemple et des exercices à la maison », poursuit Benjamin Bussenault.

EFNY est l'association de parents d'élèves à l'origine des premiers programmes bilingues dans les écoles publiques new-yorkaises. Ses after school rassemblent des enfants français, francophones et anglophones. En cours, les enfants voient notamment l'orthographe et la conjugaison. Ils pratiquent l'écriture et la lecture en français. Pour deux heures de plus par semaine, ils peuvent suivre des cours thématiques, moins classiques, sur la société française et l'Europe par exemple.

Pour Benjamin Bussenault, les after school sont « *un excellent complément* » aux cours dispensés dans les programmes bilingues mais ils sont ouverts à tous les élèves. « *Notre mission première est de faire progresser les enfants en français. Il ne s'agit pas de faire du divertissement. On est là pour que l'enfant puisse progresser en langue. On laisse notamment le choix aux parents de faire passer le DELF aux enfants* ».

L'association cherche des parents bénévoles pour aider à l'organisation des after school. Ceux qui sont intéressés de lancer le leur sont également priés de contacter EFNY.

ADMISSIONS

Programme ouvert à tous. Les candidats doivent passer une évaluation à leur entrée pour déterminer dans quel groupe de niveau ils seront placés. Les parents intéressés sont priés de contacter les coordinateurs d'EFNY sur chaque site. Contacts sur le site d'EFNY : www.efny.net

EFNY est l'association à l'origine des programmes DLP des écoles publiques. Elle organise aussi des cours du soir.

DifFRactions Jeunesse

DifFRactions Théâtre CAP 21 Studios, 18W18th St
Site : http://www.diffractions.org | E-mail : samantha@diffractions.org

Catégorie d'établissement : Afterschool
Âges : 14-18 ans
Nombre d'enfants : de 6 à 12 personnes par groupe
Localisation : CAP 21 Studios, 18W18th St
Prix : 350$ par semestre (forfait 12 séances)

Si votre adolescent a remplacé ses posters de joueurs de foot par des photos de Fabrice Lucchini et Pierre Arditi, c'est qu'il est grand temps de l'inscrire à un cours de théâtre.

La compagnie DifFRactions Jeunesse, pôle « jeunesse » de la troupe de théâtre franco-américaine DifFRactions, propose depuis la rentrée 2014 des cours de théâtre en français pour les adolescents, âgés de 14 à 18 ans. Des classes pour les pré-adolescents (à partir de 11 ans) pourraient aussi être créées, en fonction de la demande. Les cours ont lieu les mercredis après l'école, de 17 à 19h, aux studios Cap21.

Les ateliers sont en français, mais ouverts « aux francophones, comme aux francophiles » qui veulent apprendre le français. Répartis par groupe de 6 à 12, les comédiens en herbe pourront profiter des conseils avertis de Samantha Grassian, en charge de ces ateliers, mais aussi « de beaucoup d'autres intervenants, les mêmes que ceux qui animent les ateliers pour adultes ». Les ateliers ont une double-facette : d'un côté, l'improvisation ; de l'autre, un travail sur des textes courts ou extraits. Le but, c'est que les adolescents « découvrent différentes approches de jeu ». Les participants auront d'ailleurs à jouer des pièces du répertoire classique, comme des pièces plus contemporaines.

Deux spectacles seront présentés (et sous-titrés, pour ceux qui ne parleraient pas français). Le premier aura lieu en décembre 2014, et sera composé de scénettes, d'extraits des pièces que les adolescents ont préférées.

Pour le second, à la fin de l'année scolaire, là encore, « ce sont les ados qui choisiront ». « On ne va pas les forcer à jouer quelque chose qu'ils n'aiment pas, ce ne serait pas vraiment pédagogique ».

ADMISSIONS

Ouvert aux Français, francophones et anglophones. Envoyer un e-mail à Samantha Grassian : samantha@diffractions.org

APRÈS L'ÉCOLE

BROOKLYN BEANSTALK

Prospect Heights, Brooklyn, NY
Tel : (347) 623 3694 | Site : http ://brooklynbeanstalk.com | E-mail : info@brooklynbeanstalk.com

Catégorie d'établissement : after-school et circus art camp (mais ce dernier en anglais seulement)

Horaires : After-school : 09h30-10h15 ; 10h30-12h15 selon les jours et les lieux.

Classes offertes : After-school : 16 mois à 10 ans
Summer camp : pre K 5th grade

Frais de scolarité : 280$ le semestre pour les enfants de 16 mois à 3 ans ; 390$ pour les enfants de 3 ans et demi à 5 ans et 348$ pour les enfants de 5 à 6 ans.
Summer Camp : 525$ la semaine

Taille des classes : Une dizaine d'élèves par classe.

Localisations : Prospect Heights : Union Temple Preschool Language, (17 Eastern Parkway Bicycle and Pedestrian Mall) ; Montessori Day School of Brooklyn (237 Park Pl)
Boerum Hill : Laughter Studio and Science (137 Nevins St) ;PS 133 (610 Baltic St)
Park Slope : Olive Treehouse Group (428 7th Avenue)
Clinton Hill : Trilok Preschool (143 Waverly Ave) ; PS 11 (419 Waverly Ave)
Carroll Gardens : International School of Brooklyn (477 Court St) , Language and Art International School (126 Saint Felix Street) ; Abundance of God Daycare (141 St James Pl)

APERÇU

LES PLUS : Présence dans plusieurs établissements scolaires et proposent en plus leurs propres cours.
Pédagogie qui respecte le rythme de l'enfant. Cours le samedi matin.

LES MOINS : Le cirque n'est pas en français...

Brooklyn Beanstalk est un programme d'éducation bilingue qui se propose d'enseigner à vos enfants la langue française de manière ludique, artistique et originale. Depuis 2010, Brooklyn Beanstalk fournit des classes d'immersion, des programmes après l'école et des ateliers dans les garderies, les écoles maternelles et les écoles primaires partout dans Brooklyn.

Sophie Amieva and Stéphanie Larriere, les fondatrices sont toutes deux françaises et ont respectivement une formation en théâtre et en danse. Elles offrent aussi des camps de cirque, mais pas en anglais uniquement.

Les curricula de Brooklyn Beanstalk ont pour objectif l'intégration et l'appropriation des routines linguistiques

© Brooklyn Beanstalk

(expression des salutations générales ou communication quotidienne) grâce à une pédagogie ludique : « *Ce sont les parents qui souhaitent que leur enfant apprenne le français, ce n'est pas une demande de l'enfant. C'est donc au niveau du jeu qu'on a développé la pédagogie* », indique Sophie Amieva.

Oubliez les cours magistraux, ici c'est à travers des chansons, des jeux ou la danse qu'on apprend le français. « *Notre philosophie c'est vraiment l'apprentissage du français de la manière la plus naturelle possible* ».

Pour rendre les échanges linguistiques plus spontanés, les programmes sont encadrés par un corps enseignant français et de préférence ayant une expérience artistique. « *Pouvoir se mettre au niveau de l'enfant est très important.*

On voit très vite la différence entre une personne qui incarne ce qu'elle dit ou non vis-à-vis de la réception du message », explique Sophie Amieva. « *L'enfant, en plus de recevoir le message en français doit également, être actif dans l'échange* », ajoute Stephanie Larriere.

Lors de chaque session trimestrielle, un sujet spécifique, choisi en adéquation avec les programmes scolaires, est développé. « *Par exemple, on travaille sur les ordres de grandeur. C'est un thème suffisamment large pour pouvoir être réutilisé sur plusieurs semaines* » indique Stéphanie Larriere.

Surtout, les fondatrices mettent un point d'honneur à développer une approche qui respecte le rythme de l'enfant et tentent, le plus possible, de favoriser le plus grand nombre de profils : « *Nous avons des enfants de milieux sociaux très différents, on stimule tous les types d'intelligence* ».

Les programmes de Brooklyn Beanstalk présentent l'avantage de suivre les élèves sur plusieurs années, et, bien souvent, permettent de les aider à rentrer dans les écoles bilingues.

ADMISSIONS

Si vous choisissez un after-school, ce sont les écoles qui décident d'ouvrir ou non le programme à des enfants non scolarisés dans leur établissement. Pour les autres programmes, contactez directement Brooklyn Beanstalk.

COUCOU BROOKLYN

Coucou Brooklyn, 38 Marcy Ave, Brooklyn, NY 11211
Tel : (347) 529 6168 | Site : http://www.coucoubrooklyn.com | E-mail : coucou@coucoubrooklyn.com

Catégorie d'établissement : after school

Horaires : 20 classes différentes par semaine.

Classes offertes : 7 groupes de niveau de grand débutant à expert.

Frais de scolarité : 315$ pour 9 semaines de cours.

Taille des classes : Maximum 10 élèves.

APERÇU

LES PLUS : Inscriptions tout au long de l'année ; ambiance conviviale

LES MOINS : Horaires limités

Coucou Brooklyn, c'est plus que des cours du soirs. Les deux fondatrices Léa et Marianne Perret ambitionnent d'en faire un véritable centre culturel francophone au coeur du « hipster » Williamsburg. Elles offrent aussi plusieurs classses pour adultes.

Côté petits, le français est enseigné dans des classes en petit nombre, dans un environnement convivial. Le jeu est placé au cœur de la pédagogie.

Les cours sont dispensés dans un local chaleureux, garni d'une bibliothèque proposant des livres et BD en français et une grande salle principale où les enfants peuvent apprendre le français en chantant et en dansant librement. Comptines, théâtre, jeux seront les activités principales auxquelles s'adonnent les enfants, tout en apprenant le français. Un programme de yoga en français est proposé aussi.

Les programmes after school durent deux heures par semaine pendant neuf semaines. L'équipe pédagogique est exclusivement composée de personnes dont la langue maternelle est le français ☐et qui maîtrisent également l'anglais- afin de faciliter les échanges spontanés entre les enfants et les enseignants.

Enfin, le programme « Baby Step » accueille des bébés à partir d'un an. Pendant quatre semaines, les bébés sont bercés dans un environnement français lors de séances de 45 minutes par semaine, un bon moyen de les sensibiliser, dès le plus jeune âge, à la langue.

ADMISSIONS

Les inscriptions ont lieu tout au long de l'année. *« Dès qu'un enfant est inscrit on s'arrange pour qu'il puisse intégrer un programme qui lui corresponde dans les 2/3 semaines qui suivent »*, indique Léa Perret. Pour les inscriptions, rendez-vous sur le site internet de Coucou Brooklyn !

GUIDE DE L'ÉDUCATION BILINGUE

French Language Heritage Program

FACE 972 Fifth Avenue, New York, NY10075
Tel : (212) 439 1438 / (646) 226 3404
Site : http ://www.facecouncil.org/fhlp/ | E-mail : heritageprogram@facecouncil.org

Catégorie d'établissement :
After-school / camp d'été

Ages : 9-12th grade pour l'after-school et le camp d'été

Nombre d'enfants : entre 12 et 20 par classe pour l'after-school / 20 pour le camp d'été

Localisation des after-school :
Lycées : Bronx International High School ; Claremont International High School (Bronx) ; International Community High School (Bronx) ; International High School at Crotona (Bronx) ; Brooklyn International High School ; International High School at Lafayette (Brooklyn) ; International High School at Prospect Heights (Brooklyn) ; International High School at Union Square (Manhattan) ; Manhattan International High School (Manhattan) ; GED+ Jamaica Learning Center (Queens)

Ecoles élementaires : NYFACS, New York French American Charter School (Harlem)

Centres communautaires : Malian Cultural Center (Bronx) ; Haitian Americans in Action, Bethanie SDA Church (Brooklyn) ; Haitian Americans in Action, Eben-Ezer SDA Church (Brooklyn)

Frais de scolarité : Gratuit pour l'after-school / 150 dollars pour le camp d'été

Rendez-vous est donné à l'International High School at Union Square. Dans ce bâtiment imposant aux allures de manoir, une dizaine d'élèves se retrouvent chaque semaine pour suivre le cours de français du French Language Heritage Program. L'ambiance est décontractée. Les élèves, assis en cercle, vont et viennent de la salle de classe, mangent et participent activement au cours. Ce jour-là, il porte sur la commémoration de Martin Luther King Day et les droits civiques aux Etats-Unis. L'enseignant, de Côte d'Ivoire, enchaîne les vidéos et interroge les élèves sur le racisme et la discrimination raciale.

La programme « Heritage », développé par la fondation FACE (French American Cultural Exchange) avec le soutien de l'Ambassade de France, est un after-school destiné aux enfants dont le français est la langue de partage (et non la langue maternelle). Haïtiens, enfants d'Africains francophones constituent le gros des troupes dans les classes du programme. « *A la différence d'enfants français de France, ces élèves ne parlent pas français à la maison. Ils parlent créole, wolof ou bambara* », précise Benoit Ledévédec, coordinator du programme.

Peu connu, Heritage existe pourtant dans une dizaine de lycées à New York, et s'est étendu à Miami, au Massachussetts et au Maine. Dans la plupart des écoles partenaires à New York, où 450 élèves suivaient le programme en 2013, les cours durent deux heures. A travers des thématiques historiques, contemporaines et des projets artistiques, les élèves pratiquent leur français à écrit et oral sous la supervision d'un enseignant francophone. Ils sont amenés à présenter et à s'interroger sur les différences entre leur culture d'origine et la culture américaine à travers des travaux sur la nourriture et les traditions par exemple. Certaines écoles ont décidé d'aller plus loin et de transformer l'after-school en cours régulier, afin de permettre aux élèves de préparer leurs examens de SAT et d'AP French.

Côté activités artistiques, les élèves ont notamment participé au Lycée français de New York au festival Première Scène, un rendez-vous annuel de théâtre pour les acteurs en herbe qui apprennent la langue de Molière. En outre, une classe d'Heritage travaille actuellement sur un projet de comédie musicale. « *Le cours de français devient un forum* », résume Benoit Ledévédec.

Moyennant 150 dollars, les élèves du French Language Heritage Porgram ont également accès à un camp d'été de deux semaines. Au programme : sorties dans New York, projets artistiques et escapade à Québec pour le Festival d'été. Une « *vingtaine* » d'élèves y participent. « *On a une liste d'attente* », précise le coordinateur.

ADMISSIONS

Pour les after-schools, la participation au French Language Heritage Program se fait sur la base du volontariat. Il faut être élève au sein de l'école partenaire pour y participer. Pour le camp d'été, il faut être inscrit au programme Heritage. L'inscription coûte 150 dollars.

CAMPS D'ETE – French Institute Alliance Française (FIAF)

A Manhattan, 22 East 60th Street, New York, NY 10022
Tél : (646) 388 6694 | Site : http://www.fiaf.org/summer
A Montclair, New Jersey, The Carriage House, 331 Claremont Ave, Montclair, NJ 07042
Tél : (973) 783 0507 | Site : http://www.fiaf.org/newjersey

Catégorie d'établissement :
Camps d'été

Classes offertes : 1-17 ans à Manhattan, 11-17 ans à Montclair (NJ)

Frais de scolarité : variable en fonction du programme

Parce que le français ne s'arrête pas pendant les vacances, le French Institute Alliance Française (FIAF) propose plusieurs programmes d'été pour les enfants de 1-17 ans dans son bâtiment principal, sur la 60e rue de Manhattan.

« A petits pas » (1-4 ans) : ce programme est disponible en juillet et en août à raison de trois heures par semaine. Egalement disponible le reste de l'année, il se conçoit comme une initiation ludique au français à travers diverses activités d'éveil, comme la chanson, la lecture ou les jeux.

« Mini Summer Fun » (3-4 ans) : toujours dans le cadre d' « A petits pas », ce programme a lieu toute une semaine, soit le matin soit l'après-midi, du 16 juin au 1er août.

« Les explorateurs » (5-10 ans) : deux semaines de voyage tout en restant à New York. C'est l'ambition de ce programme qui s'étale sur deux semaines et qui plonge les participants dans les coutumes et les traditions de différentes cultures. Il est proposé en juin, juillet et août. Tous les niveaux sont les bienvenus. Des groupes sont réservés aux francophones.

Immersion pour les adolescents (11-14 ans ; 16-17 ans) : deux semaines pour apprendre le français. Les cours se concentrent sur la conversation. Ouvert à tous les niveaux. Pour les 11-14 ans, à noter aussi l'existence du programme « French Cultural Fun and Activities », davantage axé sur le culturel. Pendant dix jours en juin ou juillet, les élèves font des sorties au musée, participent à des dégustations de plats et rencontrent des artistes. Le tout en français. Ouvert à tous les niveaux.

Des cours d'été pour les 11-17 sont également disponibles à FIAF Montclair, l'antenne du FIAF à Montclair dans le New Jersey. Pendant deux semaines, l'accent est mis sur la lecture et l'écriture en français. Les élèves sont répartis par groupes d'âge et de niveau. Cours en juin, juillet et août.

ADMISSIONS

Variable en fonction du programme choisi. Consulter le site du FIAF : www.fiaf.org

BLEU BLANC ROUGE Summer Camp

32 Gramercy Park South, Manhattan, NY
Tel : (212) 780 0932 | Site : www.facebook.com/BleuBlancRougeFrench

Catégorie d'établissement : camp d'été

Période : 5 semaines, du 1er juillet à la première semaine d'août.

Horaires : 09h30-15h30 du lundi au vendredi. Horaires extensibles disponibles. Informations détaillées à venir.

Catégorie d'âge : de 3 ans à 7 ans.

Nombre d'enfants : 6 à 14 enfants par classes.

Frais : 450 dollars pour une semaine complète, 2.250$ pour les 5 semaines. Prix dégressif selon le nombre de semaines. Si plusieurs enfants de la même famille sont inscrits, une réduction sera également faite.

APERÇU

LES PLUS : Inscription à la journée disponible ; immersion totale dans la langue et la culture française.

LES MOINS : Les enfants doivent déjà avoir des notions de français pour pouvoir s'inscrire.

Lorsqu'elle créée Bleu Blanc Rouge Summer Camp en 2010, Brigitte Saint Ouen rassemble ses deux passions : l'enseignement de sa langue maternelle, le français, et de l'amour de l'art. « *L'idée du summer camp, c'est que les enfants apprennent le français en réalisant eux-mêmes des choses* » explique-t-elle.

Le camp propose des activités de plein air, visites de musées, écriture et exercices de lecture (français et anglais) pour les enfants de 6 ans, et bien sûr, la compréhension d'histoires en français. « *Le Children Museum of art m'inspire beaucoup pour construire mon programme* » raconte la fondatrice.

Plus que l'apprentissage de la langue française, le camp veut plonger l'enfant dans la culture de l'Hexagone. Un thème rythme les activités du camp chaque semaine : « *Pendant la semaine des régions de France, on a fait différentes recettes avec les enfants : tomates farcies, quiches lorraines, crêpes… On a réalisé une grande carte de France avec les rivières, les forêts, les régions* ». Une couleur vient s'ajouter, chaque semaine, au thème initial. « *Pendant la semaine de la nature, j'ai demandé aux parents* d'habiller leurs enfants en rouge. Ça fonctionne assez bien et ça plaît aux enfants », indique Brigitte Saint-Ouen.

L'an passé, les enfants ont été sensibilisés au recyclage et ont réalisé une grande pièce montée avec tous les bouts de cartons utilisés lors de leurs diverses activités, au terme des cinq semaines de camp. « *J'essaie de leur apprendre comment recycler au lieu de jeter* ». Les plus petits apprennent eux, à tenir un crayon et à se laver les mains.

ADMISSIONS

Chaque classe est composée d'un groupe de 6 à 14 enfants, répartis en fonction de leur âge. Les inscriptions se font auprès de Brigitte Saint-Ouen par téléphone> Sachez que votre enfant doit avoir des notions de français pour être accepté. Toutes les activités se déroulent en français et les enfants parlent également entre eux en français.

PSG Academy

311 West 127th street suite 410, 10027 New York, NY
Site : http://www.psgacademyny.com ! E-mail : info@pasgacademy.com

Catégorie d'établissement : Camp d'été

Âge : 5-16 ans

Nombre d'enfants : 200 en moyenne tous sites confondus

Localisation : Randall's Island, Brooklyn Bridge Park, Overpeck Park (Ridgefield Park Sports Complex) dans le New Jersey, Fosina field (Flowers Park) à New Rochelle

Prix : de 450 à 595$ par semaine

La PSG Academy ne peut pas promettre de transformer votre enfant en Ibrahimovic, mais il va au moins lui faire porter le même maillot !

Ce camp pour footeux et footeuses de 5-16 ans, qui existe déjà à Doha, Casablanca et Rio de Janeiro (et bientôt au Japon et en Europe du Nord), est présent à New York depuis l'été 2014. « *Le PSG est un club qui monte, très ambitieux sur le plan sportif. Au-delà de leur stratégie sportive, ils ont choisi d'ouvrir des camps de football dans plusieurs villes-cibles* », raconte Zohair Ghenania, l'ancien footballeur qui s'occupe de PSG Academy New York. « *New York est une ville incontournable dans un pays où le soccer se développe. Et il y a une grande communauté francophone et beaucoup de fans du PSG ici* ».

M. Ghenania, qui est également professeur d'économie au Lycée français de New York, opérait déjà des camps d'été de football bilingues. Créés avec deux amis, ses Universal Soccer Camps rassemblaient chaque année quelque 400 enfants.

La PSG Academy New York est venue remplacer sa petite entreprise, avec un cahier des charges précis. Lors des camps, qui se déroulent tout au long de l'année (et bientôt sous forme de programmes after-school aussi) en français et en anglais, les participants travaillent les passes, l'agilité et la maîtrise du ballon notamment. Un coach du PSG assure la supervision des entraînements. Les camps d'été (juin, juillet et août) permettent aux participants de préparer leurs matches de « league ». « *Il y a une certaine façon de s'entraîner. Ils portent une tenue spécifique*, précise « coach Zohair ». *Nous voulons faire des camps ouverts à tout le monde, tous les âges, et faire connaître le PSG* ». Un tournoi mondial est prévu contre les autres PSG Academy en juin 2015.

ADMISSIONS

Visiter le site de PSG Academy New York (ci-dessus)

Autres camps d'été, « after school » et activités para-scolaires en français

La Petite école

Campus de l'Upper West Side :
Adresse : 159 West 82nd street, New York
Campus de TriBeCa : 45 White Street #1A, New York
Tel : 646-504-9694
Site : sites.google.com/site/frenchpreschoolnyc

Summer camp
Sur ses deux campus (dans l'Upper West Side et TriBeCa), La Petite école propose à son jeune public un été placé sous le signe de la culture. Entre après-midi au parc, jeux d'eau, activités artistiques et sportives, cours de cuisine, les enfants auront l'occasion de s'épanouir tout en s'immergeant dans la langue de Molière.

Ouvert du 23 juin du 18 juillet
Public : de 2 ans et demi à 5 ans
Horaires : de 9h à 15h
Prix : 495$/semaine
Dernier moment pour s'inscrire : 20 juin

After school
La petite école propose aussi des after school pendant toute l'année scolaire sur ses deux campus. Par groupes de 10, les enfants pourront s'essayer à la peinture, la cuisine et le théâtre.

Public : de 5 à 10 ans
Horaires : de 16h30 à 17h45, du lundi au vendredi pendant l'année scolaire
Prix : 525dollars/classe (-25 % pour le deuxième enfant de la famille).

International School of Brooklyn (ISB)

477 Court street, Brooklyn
Tel : 718-369-3023
Site : http://www.isbrooklyn.org

Summer camp
Le camp se décline en deux versions : « immersion » et « intensif » selon l'âge des enfants. Pour les plus petits, le camp permet de travailler sur l'acquisition du langage via des activités multiples. Chaque semaine, un nouveau thème est proposé : découverte d'un pays, voyage dans le monde des jouets ou du cirque. Pour les plus grands : exercices d'écriture, théâtre, sport et sortie au zoo.

Ouvert du 7 juillet au 8 août
Public : de 3 ans et demi à 9 ans
Horaires : de 9h à 12h30 ou de 9h à 15h
Prix : à partir de 300 dollars/semaine

After school

L'International School of Brooklyn propose un after school en français. Il consiste en 45 minutes d'immersion totale dans la langue. Les activités offertes se concentrent autour des activités visuelles et physiques. Tous les niveaux sont acceptés.

Ouvert le jeudi de 16h00 à 16h45
Public : de 3 ans et demi à 5 ans

The French American Academy

Campus de New Milford (PS-5th grade),
1092 Carnation drive, New Milford,
NJ 07646
Tel : 201-338-8320
Campus de Morris Plains (PS-1st grade),
131 Mountain Way, Morris Plains,
NJ 07950
Tel : 973-206-1114
Campus de Jersey City, 209 Third Street,
Jersey City, NJ 07302
Tel : 201-459-6462
Site : http://www.faacademy.org

Summer camp

Le summer camp de l'école a un thème par semaine : « Let's do le Tour de France », « parlons québécois », « African Safari » ou encore « Sacré Charlemagne ». A travers ces semaines d'activités diverses, le camp se donne pour objectif de faire découvrir aux enfants la richesse de la culture française.

Ouvert du 7 juillet au 22 août
Public : de 3 à 12 ans
Horaires : de 9h à 15h (extended : 8h-18h)
Prix : à partir de 360$/semaine

After school

The French American Academy mise sur les classes interactives pour que les enfants puissent s'entraider et travailler ensembls'entraident tout en améliorant leur niveau à l'oral et à l'écrit. Les enfants découvrent la littérature française à travers de grands auteurs (Molière, La Fontaine, etc), ainsi que l'art avec des artistes comme Matisse ou Cézanne.

Ouvert du lundi au jeudi de 16h à 17h30 ou le samedi de 9h30 à 11h30
Public : à partir de 7 ans
Prix : de 410 à 885$ par semestre

Hands on world

132 4th place, Brooklyn New York
Tel : 718- 858-9599
Site : http://www.handsonworld.net

Summer camp

A chaque été un thème différent. Voilà comment ce centre linguistique situé à Brooklyn souhaite ouvrir les enfants aux différentes cultures qui les entourent. Cette année, le summer camp propose de s'intéresser à l'habitat et aux différents styles de vie dans le monde grâce à des activités aussi variées que ludiques.

Ouvert de mi-juin à mi-août
Public : de 2 à 8 ans
Horaires : de 9h30 à 15h30
(possibilité de faire des demi-journées)

After school
Hands on world propose deux types d'after school, tous deux basés sur les arts, mais le premier intègre le langage.
Public : enfants en âge d'aller à l'école
Tous niveaux

Lycée français de New York (LFNY)

505 E 75th St, New York, NY 10021
Contact : Amy Zumflacht, directrice du camp, au 212 439 3825
Site : http://www.lfny.org/fr

Summer camp
Le camp d'été bilingue proposé par le Lycée français de New York a lieu dans les locaux de l'établissement de l'Upper East Side. Musique, art, danse, escalade, golf, sorties à Chelsea Piers et au Legoland Discovery Center : le programme se veut riche. Placés sous la supervision d'enseignants francophones et anglophones, les participants sont regroupés par âge et niveau de français. Infos pratiques : le LFNY propose deux formules : l'une du 23 juin au 11 juillet ou du 23 juin au 25 juillet

Public : 2,8-11 ans
Prix : 2.500 dollars la première option, 3.700 la seconde

Les inscriptions se font sur le site du LFNY : www.lfny.org

French American School of New York (FASNY)

Campus de Scarsdale (pre-school), 85 Palmer avenue, Scarsdale, Ny 10583
Tel : 914-250-0522
Campus de Larchmont, 111 Larchmont avenue, Larchmont, New York 10538
Tel : 914-250/0469
Campus de Mamaroneck, 145 New Street, Mamaroneck, NY 10543
Tel : 914-250-0451
Site : www.fasny.org

Summer camp
Cette année encore le summer camp de la FASNY propose aux ados de 10 à 14 ans de partir s'aérer un peu la tête à la montagne. Au programme pour les 10-14 ans : des randonnées, du camping, des pique-nique ou encore des jeux en plein air. Le camp propose aussi des activités aux plus petits (à partir de 3 ans).

Ouvert du 23 juin au 25 juillet
Public : de 3 à 14 ans
Prix pour le camp en plein air :
à partir de 990$/semaine

After school
La FASNY propose des activités variées. Après l'école, les enfants pourront choisir de faire du théâtre, du modern jazz, du sport, du modélisme, des échecs, de la cuisine, et encore beaucoup d'autres.

Les enfants qui n'étudient pas la FASNY peuvent également s'inscrire.

Public : de 3 à 10 ans
Horaires : de 3h15 à 6h15 (dépend des activités)
Prix : à partir de 300$/semaine
Deux sites : Larchmont et Scarsdale

L'atelier

271 W. 73rd street, NY
Tel : 646-351-6240
Site : http://www.latelierny.com

Summer camp

L'atelier, pre-school de l'Upper West Side, offre un summer camp pendant lequel les tous petits pourront apprendre à jardiner, cuisiner, créer des œuvres d'art, le tout en français bien sûr ! Les places sont limitées, parents, inscrivez vos enfants au plus vite !

Ouvert du 18 juin au 10 juillet
Horaires : de 9h à 12h
Public : de 2 ans et demi à 5 ans
Prix : 900$ les 2 semaines, 1600$ les 4 semaines

After school

L'atelier propose plusieurs after schools selon l'âge des enfants. Les 5 ans et plus pourront s'amuser à créer leur propre livre. Les 3 à 5 ans apprendront pour leur part à cuisiner français, par exemple. Si faire une tarte aux pommes ne les tente pas, ils pourront s'inscrire à l'atelier jeux de société.

Ouvert durant l'année scolaire
Horaires : à partir de 15h30
Public : à partir de 3 ans
Prix : entre 375$ et 400$

Carousel of Languages

East Side : 1309 Madison Avenue, 2nd Floor, entre 92nd et 93rd St., 10128
Tél : 212.501.8524
West Side : 144 West 72nd St, 2nd Floor, entre Colombus et Amsterdam, 10023
Tél : 212.580.6330
Site : http://www.carousellanguages.com

Carousel of Languages est un programme de langue situé dans l'Upper West Side et l'Upper East Side. L'enseignement des sept langues proposées est basé sur une méthode qui combine l'oral, la vue et le toucher. Chaque cours de français est délivré par des professeurs français. Le programme propose quatre classes, à raison d'une heure par semaine : la crèche pour les nourrissons et tout-petits, la maternelle, l'école primaire, et les plus de douze ans. Pour la session d'automne (du 8 au 20 décembre), il faut compter 770$ pour 14 cours. Pour la session d'hiver (du 5 janvier au 21 mars), il faut compter 605$ pour 11 cours.

Science, Language & Arts

126 Saint Felix Street, Brooklyn, NY 11217
Tel : (347) 770-0205
Site : http://www.ecolefrancochinoise.org

Deux after-school en français sont proposés dans cet école privée franco-chinoise : « Beginning French » et « Intermediate French ». Tous deux reposent sur la même pédagogie. Le jeu est le principal outil d'apprentissage à SLA. Deux programmes de cirque en français sont également proposés en collaboration avec Brooklyn Beanstalk.

Beginning French : 45 minutes, s'adresse aux enfants de 4 à 6 ans. Il se déroule une fois par semaine, le lundi, de 3 :15 à 4 :00 pm. 190$ pour un semestre
Intermediate French : 1 heure, pour les enfants de 5 à 7 ans, maîtrisant les rudiments de la langue française. 207$ pour un semestre.

Ecole des petits

411 Atlantic avenue, Brooklyn
Tel : 917-348-3622
Site : http://lecoledespetits.over-blog.com

Chaque année, le summer camp est basé sur un thème bien précis, et ce thème est ensuite travaillé sous tous les angles (artistique, culinaire, etc.). Les activités à l'extérieur sont nombreuses, les enfants vont notamment écouter des concerts dans les parcs de la ville. De nombreuses activités manuelles sont également au programme.

Ouvert du 1er au 31 juillet (fermé le 4 juillet)
Horaires : de 8h30 à 16h
Public : de 3 à 5 ans
Prix : 1600$ le mois

Jardin de Louise

390 Straford road (entre Cortelyou rd et Dorchester road), Brooklyn, NY 11218
Tel : 347-833-9470
Site : http://www.lejardindelouise.com

Les informations sur le summer camp et l'after-school n'étaient pas disponibles à la publication de ces lignes. S'adresser directement au Jardin à Louise pour plus d'informations.

Le Petit Paradis

1656 Third avenue, New York
Tel : 212-410-0810
Site : http://www.lepetitparadispreschool.com

Summer camp
Pas besoin de savoir parler français pour pouvoir s'inscrire au summer camp du Petit Paradis. Toutes les activités sont enseignées en français et en anglais. Les enfants pourront profiter du beau temps en se rendant au parc, et des activités intérieures comme l'apprentissage de la

cuisine, l'art et la musique sont aussi au programme.

Ouvert du 2 au 27 juillet
Horaires : de 8h30 à 14h30
Public : de 2 ans et 8 mois à 5 ans
Prix : 1995$/mois ou 500$/semaine.

Language Laughter Studio

139 Nevins Street, Boerum Hill, Brooklyn
Tel : (718) 596-2233
E-mail : pascalesetbon@gmail.com

Summer Camp
La petite école propose elle aussi un summer camp en français pour les enfants de 3 à 9 ans. Au programme notamment art, musique, marionnettes, théâtre avec le souci d'encourager la créativité et la socialisation tout en développant le langage. En juillet ; 400 $ par semaine pour le programme du matin ; 500 $ en journée complète.

Language Workshop for Children

888 Lexington Avenue, New York, NY 10065 USA
Tel : (212) 628.2700
Site : www.languageworkshopforchildren.com

Du 16 juin au 22 août, Le Club des Enfants accueille ses membres en culotte courte (3-9 ans) deux, trois ou cinq jours par semaine. Les tarifs s'étendent de 400$ si vous inscrivez votre enfant deux jours pendant deux semaines (minimum requis) à 4525 $ pour cinq jours par semaine pendant dix semaines. Ce Summer Camp se déroule intégralement en français et divers ateliers artistiques plongeront votre enfant en immersion dans la langue. Pendant l'été, LWFC propose deux autres programmes : « Languages for Tots »pour les 6 mois-3 ans et « NYC Family Preschool »pour les 20 mois-3 ans. Les programmes d'été de LWFC sont ouvert aux 6 mois-9 ans.

Prix : 400-4525 $

The Village Preschool Center

136 West 10th Street New York, New York 10014
Tel : 212 645 1238
Site : http ://www.villagepreschoolcenter.com

L'after-school
Le jeudi, l'école propose une after school en français avec un professeur francophone. Pendant 1h, les enfants explorent les fondamentaux de la langue de Molière à travers des chants, la lecture de livres, le mouvement, et bien d'autres choses encore. Cet after school est ouverte aux enfants de 3 à 5 ans. De 15h45 à 16h45. De 16h10 à 17h, VPC offre aussi une classe pour les tous petits (en dessous de 2 ans).

APRÈS L'ÉCOLE

Le Summer camp

« Merry-Go-Round Summer Camp », le summer camp de VPC, est ouvert du 23 juin au 7 août pour les enfants de 2 à 5 ans. Ces quelques semaines sont l'occasion d'une expérience multi-sensorielle qui se décline autour de cinq thèmes : les arts, les sciences, le musique et le mouvement, les jeux intérieurs et les aventures-surprises qui comprennent du théâtre, des promenades, de la cuisine, etc.

Prix : de 800 à 4 575$

La Escuelita de Sofia

411 West 261street (au coin de Liebig avenue), Riverdale, NY 10467
Tel : 917-952-5872
E-mail : laescuelitadesofia@gmail.com
Site : http://www.laescuelitadesofia.com

La classe de français a lieu tous les samedis, sous la supervision d'une enseignante française. Elle propose des activités artistiques comme la danse, la lecture, la peinture et de nombreuses activités manuelles. L'institutrice leur apprend également des chansons et des jeux de son enfance. Bien sûr, la classe est enseignée en français. De 3 à 12 ans.

Frais de scolarité : 600 dollars les 20 classes (ou 30 dollars la session)

French Saturday School

The Glen Alpin Estate, 685 Mount Kemble Avenue . Morristown, NJ 07960
Tel :862-266-9716
E-mail : info@ecolefrancaisedusamedi.org
Site : http://www.ecolefrancaisedusamedi.org

L'école a été créée en septembre 2012 par Nathalie Walker. Cette professeure des écoles, maman de quatre enfants bilingues, a ressenti le besoin d'offrir une structure qui permettrait à la fois aux enfants d'exceller en français tout en ayant la chance d'être inscrits dans une école américaine le reste de la semaine. Les cours ont lieu le samedi. Les élèves ont la possibilité de choisir le français soit comme première ou seconde langue. Les programmes de l'école du samedi sont calqués sur ceux de l'éducation nationale française. En plus des cours de français, l'école offre aussi la possibilité de suivre des cours de mathématique, de culture générale ou encore de littérature. Il est demandé aux élèves de bien tenir leurs cahiers, de faire leurs devoirs rigoureusement et d'apprendre sérieusement leurs leçons. Les institutrices, au nombre de quatre, ne perdent pas de vue que les élèves formés seront peut-être amenés un jour à réintégrer le système éducatif français. Tout est donc fait pour que cette étape se passe le plus naturellement possible.

Parlez-vous Français ?

Deux sites :
– Morristown Unitarian Fellowship
21 Normandy Heights Road, Morristown,
NJ 07960, Tel : 201-232-7864
E-mail : anouk.long@parlez-vous-francais.com
– St James' Episcopal Church,
581 Valley Road, Montclair, NJ 07043
Tel : 917-597-9117
E-mail : christiane.agkpo@parlez-vous-francais.com
Site : parlez-vous-francais.com

L'association *Parlez vous Français* dispense des cours de primaire-college de 16h a 18h, et de 9h-11h ou 13h30-15h30 pour les maternelles. Taille des classes : de 4 à 8 élèves. L'association propose des programmes qui se basent sur ceux de l'Education Nationale française, pour les maternelles et les primaires. Les enseignantes sont au nombre de dix. Certaines sont diplômées du système français. Au départ du projet, en janvier 2007, il y avait 28 élèves inscrits, aujourd'hui ce chiffre a quasiment quadruplé. Dans l'association 53 % des élèves sont français, les autres viennent de Suisse, de Belgique et du Canada. 10 % sont des enfants d'expatriés. Objectif : que les enfants puissent sans problème intégrer le système français ou le système américain après avoir quitté *Parlez-vous français ?*. Pour cela, les enfants doivent être extrêmement motivés : les cours de primaire donnés par *Parlez-vous français ?* ont lieu après les cours dispensés par l'école américaine dans laquelle les enfants sont scolarisés. *« Cela demande beaucoup d'énergie, les enfants doivent être concentrés au maximum car le programme est dur. Nous condensons en 2h ce qui se fait dans le système français en 8h »*, explique la fondatrice Anouck Long. Sans compter que les enfants peuvent avoir jusqu'à 2h de devoir à la maison par semaine et que de nombreux tests sont organisés tout au long de l'année. L'association croit en l'immersion totale. Ici tout le monde parle français, et tout le temps, même à la récréation. Jusqu'en CM2, les enfants suivent les mêmes programmes de français qu'en France avec de la grammaire, du vocabulaire, de l'orthographe et de l'expression écrite. A partir du CM2, ils apprennent l'Histoire de l'Europe. Des foires de livres, donnés par les familles, sont organisées et les bénéfices permettent d'acheter de nouveaux manuels scolaires ou de financer des sorties.

Prix : 1 650 dollars (2h/semaine, sur 37 semaines), 3 300 dollars (4h/semaine sur 37 semaines)

Camp Tékakhwita

67 camp Tekakwitha road, Leeds, Maine, 04263
Tel : 418-843-1532 (hors saisons)
ou 207-524-3101 (pendant l'été)
Site :
www.campdevacances.com/tekakwitha.fr.html
Niché au bord d'un immense lac dans l'Etat du Maine, le camp francophone Tékakhwita propose un été au plus proche de la nature. Parmi les activités spéciales offertes : un séjour à la mer, du camping, des olympiades, du cirque, des jeux aquatiques. Bref, il y en a pour tous les goûts. Le séjour des plus grands (dès 14 ans) est centré sur du trekking dans la Piste des Appalaches. Une expédition riche en émotions !
Ouvert du 24 juin au 17 août
Public : de 8 ans à 17 ans
Prix : de 1 315$ pour 2 semaines à 2 440$ les 4 semaines.

Camp Brébeuf

8483 Brébeuf Path, Rockwood, Ontario, N0B 2K0
Tel : 519-856-4671
Site : http://www.cyo.on.ca/brebeuf/

Pour passer un été au Québec, rien de mieux que le Camp Brébeuf, situé à une dizaine de minutes de Montréal. Une foule d'activités sont proposés aux jeunes en fonction de leurs âges, ainsi que des cours d'une quinzaine d'heures par semaine pour améliorer son français ou son anglais.

Ouvert du 29 juin au 15 août
Public : de 11 à 15 ans
Prix : à partir de 145$

Camp Boisjoly

250 chemin Perras Racine, Québec, J0E 1Y0
Tel : 450-771-2034 (Marie-Pierre Lacasse, administratrice du camp)
Site : http://www.boisjoly.org

Ce camp situé près de Mont Orford au Québec dispense des activités en lien avec l'environnement et la nature. Des ballades sont prévues, ainsi que les activités habituelles (sport, arts, sorties à la plage, etc). Enseigné totalement en français, ce camp est l'occasion de se faire de nouveaux amis et de profiter du grand air !

Ouvert du 6 juillet au 15 août
Public : de 7 à 17 ans
Prix : de 430$ à 1.450$/session.

GUIDE DE L'ÉDUCATION BILINGUE
Grandir et vivre en plusieurs langues

Sous la direction d'Emmanuel Saint-Martin,
avec : Alexis Buisson, Jessica Gourdon,
Anne-Sophie Jouhanneau, Lola Girard, Emeline Cocq

ISBN: 978-0-9908530-0-8
Published in New York by French Morning, 2014